JIANCHA
CANKAOXING ANLI
YANJIU

检察参考性案例研究

安徽省人民检察院 编著

法律出版社
LAW PRESS·CHINA
北京

图书在版编目(CIP)数据

检察参考性案例研究 / 安徽省人民检察院编著. --
北京 : 法律出版社, 2024
ISBN 978-7-5197-8736-3

Ⅰ. ①检… Ⅱ. ①安… Ⅲ. ①检察机关-案例-中国
Ⅳ. ①D926.305

中国国家版本馆CIP数据核字(2024)第023072号

检察参考性案例研究
JIANCHA CANKAOXING ANLI YANJIU

安徽省人民检察院 编著

责任编辑 慕雪丹 章 雯
装帧设计 汪奇峰

出版发行 法律出版社
编辑统筹 法商出版分社
责任校对 赵明霞
责任印制 胡晓雅
经 销 新华书店

开本 710毫米×1000毫米 1/16
印张 11.75 字数 210千
版本 2024年5月第1版
印次 2024年5月第1次印刷
印刷 三河市龙大印装有限公司

地址:北京市丰台区莲花池西里7号(100073)
网址:www.lawpress.com.cn
投稿邮箱:info@lawpress.com.cn
举报盗版邮箱:jbwq@lawpress.com.cn
销售电话:010-83938349
客服电话:010-83938350
咨询电话:010-63939796

书号:ISBN 978-7-5197-8736-3
定价:56.00元

编审委员会

编辑人员

主　　编： 鲁建武

副 主 编： 吴润松　刘友宇

编　　辑： 奚新春

特邀编辑： 罗南娟　向　阳　石申东　魏　民　陈恒宜

序

中国案例制度历史渊源久远,秦有“廷行事”,汉有“决事比”,宋有“断例”,明代实行“律例并行”,清也有“成例”。新时期,检察案例制度从建立、发展到完善,已成为中国检察制度最具特色的标志性特征之一。检察案例凝集了中国检察实践最佳智慧,融办案指导、引领法治、宣导正义、社会治理等众多功能于一身,是中国检察最优秀的法治产品之一。检察案例也是新时期推动中国特色检察制度现代化,引领检察机关高质效办好每一个案件,让人民群众在每一个司法案件中感受到公平正义,助推国家治理体系和治理能力现代化的重要方式。

检察案例是人民检察制度中国特色最佳体现之一。统观各国司法机关,检察机关一般不发布指导性案例、典型案例。我国检察案例也不同于人民法院指导性案例或国外法院判例。法院案例功能集中于指导审判,统一司法尺度,而检察案例功能集指导检察办案、法律监督、宣导正义、社会治理等多种功能于一体。我国最高人民检察院依职权发布指导性案例、典型案例极具中国特色。检察案例引领“高质效办好每一个案件”。检察案例凝聚了最佳检察智慧和最优检察经验,是检察机关法律监督质量最高的产品,能够为检察机关高质效办好每一个案件提供“样本”。通过检察案例示范引领,以例为范,以例为鉴,激励检察办案高标准高要求高质效,切实保障办案的政治效果、社会效果和法律效果相统一,让人民群众在每一个司法案件中感受到公平正义。检察案例是推动检察工作现代化的重要方式。检察办案是检察工作核心职能,检察工作的现代化必然离不开检察办案的现代化。检察案例是检察监督理念、体系机制、履职方式、检察管理、监督能力等检察现代化重要落脚点,也是实现检察工作现代化根本目标即“让人民群众在每一个司法案件中感受到公平正义”的最重要载体。检察案例是检察办案现代化的重要结晶,反哺助推检察办案现代化不断高质量发展,促进以检察工作现代化服务中国式现代化。检察案例是助推国家治理体系和治理能力现代化的重要手段。检察机关法律监督要厚植“敢于监督,善于监督”的检察理念,积极能动司法,通过检察指导性案例、典型案例,深挖深研国家治理、社会治理问题,提出检察建议,实现以案促治,以案助治,不断提升诉源治理质效,服务助推国家治理体系和治理能力现代化。

最高人民检察院历来重视运用检察案例指导工作。1956 年,最高人民检察院办公厅汇编了侦查工作案例,作为业务资料下发全国检察机关。1980 年,最高人民检察院刑事检察厅、法纪检察厅编辑出版案例丛书,用于深化理解掌握 1979 年刑法和刑事诉讼法,指导检察办案。1989 年 5 月创办的《最高人民检察院公报》定期发布各类典型重大案例,为各级检察机关检察办案提供参考借鉴。2003 年 6 月,最高人民检察院发布《关于加强案件管理的规定》,首次从工作机制层面提出对有指导意义的案例进行编纂印发。2010 年 3 月,最高人民检察院首次在工作报告中提出“建立健全案例指导制度和案件管理、执法监督、执法考评机制”,并于 7 月出台了《最高人民检察院关于案例指导工作的规定》,正式建立案例指导制度。2010 年 12 月 3 日,最高人民检察院发布了第一批 3 件指导性案例,标志着检察案例指导制度正式运行。目前,最高人民检察院已发布 50 批 204 件指导性案例和大量各类典型案例,不断推动检察案例工作走向规范化、制度化。

安徽省人民检察院历来重视检察案例工作,把案例工作作为推动全省检察工作现代化的有力抓手,服务“国之大者”的重要方式。《检察参考性案例研究》是全省检察机关办理各类疑难复杂、新类型案件的优秀实践经验、司法智慧结晶,以期为全省检察机关“高质效办好每一个案件”提供参考借鉴,助推国家治理体系和治理能力现代化,为实现“让人民群众在每一个司法案件中感受到公平正义”的检察现代化目标贡献力量。

安徽省人民检察院检察长、二级大检察官 

目 录

刑事案件部分

刑事执行案件部分

民事行政案件部分

刑事案件部分

1. 黄某猥亵儿童案

——如何认定行为人主观明知、连续犯的刑法适用

基本案情

2020年11月初,黄某通过某交友软件结识被害人小明(化名,男,12岁)。此后1年内,黄某与小明多次见面,共发生5次同性性关系。其中4次发生在2020年11月,1次发生在2021年国庆节假期。

2022年4月27日,H市H区人民检察院以黄某犯猥亵儿童罪向H市H区人民法院提起公诉。同年5月26日,H市H区人民法院一审判决采纳公诉机关的意见,适用根据《刑法修正案(十一)》修正的《刑法》,以猥亵儿童罪判处黄某有期徒刑5年。宣判后,黄某不服一审判决,提出上诉。2022年7月19日,H市中级人民法院裁定驳回上诉,维持原判,本案裁判已生效。

主要问题

1. 如何认定行为人主观明知被害人系不满14周岁儿童?

2. 行为人多次猥亵儿童的犯罪行为跨越《刑法修正案(十一)》施行日期,如何适用刑法进行量刑?

意见分析

□ 意见分歧

1. 如何认定行为人黄某主观明知被害人小明系不满14周岁儿童的问题。

第一种意见认为,在案证据并不能证实黄某主观明知被害人小明系未满14周岁的儿童。理由是:虽然被害人小明陈述其在与行为人黄某见面时已经告知对

方自己 13 虚岁，但黄某供述称其并不知道小明的年龄，且没有其他证据印证，被害人陈述系孤证。

第二种意见认为，综合全案证据，可以认定黄某明知被害人小明系不满 14 周岁的儿童。理由是：虽然没有直接证据印证被害人小明事前告知行为人黄某其真实年龄，但综合两人有关小明是初中学生、上学和作息等内容的微信聊天记录，被害人小明的衣着特征、言谈举止以及未成年人身体发育情况等，参考最高人民法院、最高人民检察院、公安部、司法部《关于依法惩治性侵害未成年人犯罪的意见》[①]（以下简称[②]《意见》）有关行为人知道或应当知道对方是不满 14 周岁幼女的认定规则，结合一般逻辑和社会经验法则，可以认定。

2. 黄某跨越《刑法修正案（十一）》施行日期连续猥亵儿童的犯罪行为，如何适用刑法进行量刑的问题。

第一种意见认为，根据从旧兼从轻原则，对黄某应分段适用行为时《刑法》，即前 4 次猥亵行为和第 5 次猥亵行为分别适用《刑法修正案（十一）》之前和之后的《刑法》，在 5 年以下有期徒刑或者拘役范围内量刑。理由是：黄某 5 次猥亵行为中，前 4 次发生在 2020 年 11 月，最后 1 次发生在 2021 年国庆节假期。中间间隔时间较长，且中间跨越了 2021 年 3 月施行的《刑法修正案（十一）》，不宜认定为猥亵的连续犯。同时《刑法修正案（十一）》提高了第一档量刑的法定最低刑，且明确多次猥亵属于应处 5 年以上有期徒刑的情形。

第二种意见认为，对行为人黄某 5 次猥亵行为应按照连续犯处理，统一适用根据《刑法修正案（十一）》修正的《刑法》，处 5 年以上有期徒刑。理由是：黄某的 5 次猥亵行为系同一故意支配下具有连续性的猥亵行为。根据最高人民检察院《关于对跨越修订刑法施行日期的继续犯罪、连续犯罪以及其他同种数罪应如何具体适用刑法问题的批复》（高检发释字〔1998〕6 号，以下简称《批复》）的规定，应当适用根据《刑法修正案（十一）》修正的《刑法》。

□ 意见评析

笔者赞同第二种意见，具体理由如下。

第一，基于对儿童特殊保护的需要，对不满 14 周岁儿童主观认知的认定，可参照司法解释对幼女主观明知的认定规则。

---

① 该解释现已失效。现行规定为最高人民法院、最高人民检察院、公安部、司法部《关于办理性侵害未成年人刑事案件的意见》。

② 本书中“以下简称”均指“本篇案例研究中以下简称”。——编者注

根据主客观相统一原则，在认定猥亵儿童罪时，如同认定奸淫幼女一样，需要认定行为人是否主观明知猥亵对象系不满14周岁的儿童。基于儿童弱势群体的特殊性以及打击侵害儿童身心健康犯罪和预防犯罪的特殊需要，无论是刑法及其司法解释，还是刑事司法政策、刑法学理论，都突出应给予儿童更加严格的保护，包括在认定奸淫幼女既遂上采取"接触说"，猥亵儿童罪应配置相对于强制猥亵罪更重的刑罚[①]。严格保护儿童理念在认定行为人是否明知被害人是幼女问题上也是一以贯之。《意见》有关行为人知道或应当知道对方是不满14周岁幼女的认定规则："知道或者应当知道对方是不满十四周岁的幼女，而实施奸淫等性侵害行为的，应当认定行为人'明知'对方是幼女。对于不满十二周岁的被害人实施奸淫等性侵害行为的，应当认定行为人'明知'对方是幼女。对于已满十二周岁不满十四周岁的被害人，从其身体发育状况、言谈举止、衣着特征、生活作息规律等观察可能是幼女，而实施奸淫等性侵害行为的，应当认定行为人'明知'对方是幼女。"由此可见，对幼女的明知，包含知道和应当知道。其中，应当知道需要根据身体发育等综合情形进行推定。对不满14周岁儿童主观明知的认定，完全可以参照上述对幼女主观明知的认定规则，否则，将会造成对同属儿童的男童保护弱化，甚至可能在被害人既有女童又有男童的同一起猥亵案中，因为认定规则不同造成处理结果有巨大差异，有违平等原则。

本案中，行为人黄某作案前即已明知被害人小明系初中学生，且知晓被害人小明的生活作息、言谈举止、身体发育情况，并称被害人小明为"小男孩"。结合生活常识和《义务教育法》的规定，行为人黄某应当知道初中学生特别是初一、初二学生很可能不满14周岁，却对小明实施猥亵行为。

据此，综合全案证据，运用逻辑和经验法则，参考幼女认定规则，可以认定黄某应当知道被害人小明是不满14周岁儿童而实施猥亵，符合猥亵儿童罪主观明知要求，且黄某对该结果的发生持放任态度，具有主观上的犯罪故意。

第二，跨越刑法修正案施行日期的持续犯、连续犯以及其他同种数罪应适用修正后的《刑法》定罪量刑。

刑法理论通说认为，持续犯、连续犯、徐行犯、惯犯、牵连犯、吸收犯、营业犯以及同种数罪，犯罪行为或处于一种不间断的持续状态，或由于其本身特点而使前后行为结成了一个整体，自应当将其行为作为统一整体来看待……应当认为是在

---

① 相较于强制猥亵罪，猥亵儿童罪在犯罪构成上不要求强制客观行为，在入罪门槛上更低。在第一档法定刑中没有拘役，在第二档法定刑中量刑情节列举更为细化。

新法生效后实施的犯罪,直接适用新法的规定,而不适用从旧兼从轻原则。[①] 此外,《批复》也明确规定应当适用修改后刑法,同时规定修改后刑法比原刑法所规定的构成要件和情节较为严格,或者法定刑较重的,应当酌情从轻处理。由此可见,无论是刑法理论还是实务均认为应当适用新法。

本案中,黄某对被害人小明实施了5次猥亵行为,虽跨越《刑法修正案(十一)》施行日期,但系基于同一犯意、对同一对象连续实施性质相同的5次犯罪行为。其主观上有连续实施猥亵儿童的故意,客观上行为对象、方式具有连续性,触犯同一个罪名,应认定为连续犯罪。其间,虽有时间间隔,系因黄某外出务工。黄某在国庆假期返乡即与被害人小明联系并再次实施猥亵行为,可见系其此前猥亵行为的再次延续,前后猥亵行为具有连续性。综上,对黄某跨越《刑法修正案(十一)》施行日期的猥亵儿童行为,应当按照修正后的《刑法》定罪量刑。

(供稿:黄山市人民检察院　贺凯峰)

① 陈兴良主编:《刑法总论精释》(第3版),人民法院出版社2016年版,第84页。

2. 张某故意杀人案

——被害人无过错的夫妻间故意杀人案件不宜认定为因婚姻家庭矛盾激化引发

基本案情

被告人张某与被害人傅某某系夫妻。张某沉迷网络赌球并因此负债，双方多次发生争吵。某日，双方再次因张某赌球一事争吵，傅某某回娘家居住并提出离婚。2021 年 9 月 12 日 18 时许，张某到傅某某工作的琴行接其下班，试图求和。在等候期间，张某到附近超市购买了折叠水果刀一把。当天 20 时许，傅某某下班，张某要求与傅某某谈一谈，遂骑电动车载傅某某沿建平镇伍员路驶入建平镇严家村四亩田拆迁区域。因傅某某坚持离婚，张某不愿，遂持刀向傅某某胸部、颈部猛刺数刀，傅某某倒地后，张某仍继续捅刺直至傅某某当场死亡。张某逃离现场后返回其住处，并将捅刺傅某某一事电话告知某亲属。该亲属报警后，民警将张某带回派出所调查。经鉴定：傅某某系被单刃刺器反复刺击致右颈总动脉及多脏器破裂大失血而死亡。

2022 年 1 月 19 日，宣城市人民检察院以张某犯故意杀人罪对其提起公诉。宣城市中级人民法院审理后认为：本案虽发生于夫妻之间，因感情矛盾引发，但案发根本原因是张某沉迷网络赌球，傅某某要求离婚，感情矛盾系因被告人过错产生，被害人无任何过错，不予采信辩护人关于本案系婚姻家庭矛盾引发，量刑应慎重适用死刑条款的意见。一审认定张某犯故意杀人罪，判处死刑，剥夺政治权利终身。张某不服一审判决，提出上诉。安徽省高级人民法院二审裁定：驳回上诉，维持原判。对张某死刑判决，依法报请最高人民法院核准。

■ 主要问题

行为人单方过错导致离婚纠纷引发的夫妻间故意杀人案件,是否属于婚姻家庭矛盾激化引发?

■ 意见分析

□ 意见分歧

第一种意见认为,2009年最高人民法院《关于审理故意杀人、故意伤害案件正确适用死刑问题的指导意见》(以下简称《指导意见》)第二条规定,对于因婚姻家庭、邻里纠纷以及山林、水流、田地纠纷等民间矛盾激化引发的故意杀人案件,在适用死刑时要特别慎重。本案系夫妻间因家庭琐事引发的矛盾,与发生在社会上的严重危害社会治安的故意杀人案件有所区别,应慎重适用死刑。

第二种意见认为,根据《指导意见》第二条的规定,因婚姻家庭等民间矛盾激化引发的故意杀人案,在适用死刑时要特别慎重并且举了示例,比如被害人一方有明显过错或者对矛盾激化负有直接责任的。本案双方虽是夫妻,但是不能因夫妻双方存在分歧就机械认定为婚姻家庭矛盾。本案被害人无任何过错,其规劝被告人不赌球、提出离婚等行为系维护自身利益的合法、合理行为,不属于激化矛盾行为,故该案不属于因婚姻家庭等民间矛盾激化引发的故意杀人案,不宜适用“在适用死刑时要特别慎重”的相关规定。

□ 意见评析

笔者同意第二种意见,具体理由如下。

第一,婚姻家庭矛盾激化引发的案件,应注重审查引发矛盾的原因。司法实践中,对于婚姻家庭成员之间的故意杀人案件,应根据案件整体情况,综合考虑双方之间是否有矛盾、引发矛盾的原因、是否有激化矛盾行为等因素,认定案件事实和适用法律,不能违背社会伦理道德和法律规范。结合在案张某供述、证人证言及书证,能够证实张某从婚前开始一直沉迷网络赌球,张某父母多次借钱帮其归还欠款。可见,本案案发根本原因系张某沉迷赌球。

第二,被害人运用合理手段维护自身权利的行为,不能认定为矛盾激化的原因。本案中,傅某某无任何过错。傅某某多次对张某赌球进行规劝,此种规劝是履行夫妻责任义务的一种表现,完全符合社会伦理道德,为社会公众所认同,不能将此种规劝归结为矛盾激化的原因。规劝无果后,傅某某提出离婚并回娘家居住，希望通过离婚来维护自身权利，系合理诉求和合法手段。在案未发现被害人傅某某有其他过错，且相关证据能够证实被害人心地善良，案发前张某父亲住院费用亦是傅某某借款支付。如该规劝和维护自身权利的合理诉求被认定为婚姻家庭矛盾激化的原因，势必会对社会价值引领产生负面影响，有违社会公众的一般认知。

综上所述，本案中，二人虽是夫妻关系，但傅某某无任何过错，没有引发矛盾或激化矛盾，本案案发完全由张某沉迷网络赌球引起，因此本案不属于婚姻家庭矛盾激化引发的故意杀人案件。

（供稿：宣城市人民检察院　解　兵　袁萌璐）

3. 张某某诈骗案

——骗取财物后又出具欠条的行为如何定性

■ 基本案情

2021年6月，张某某从舒城县某二手车店购买了一辆汽车，后将该车以人民币2.9万元出售并过户给被害人沈某某。沈某某购买该车后，张某某多次向其借用该车。同年9月，张某某谎称在借用该车期间，车辆发生严重交通事故，骗得沈某某同意将该车交由自己处理，张某某向沈某某出具2.9万元欠条一张。同月，张某某将该车以1.7万元回卖给舒城县某二手车店，卖车款由张某某个人使用。除上述事实外，张某某另以租车售卖、抵押等方式诈骗被害人张某、朱某财物共计人民币10.1万元。

2022年2月16日，长丰县公安局以张某某涉嫌诈骗罪移送长丰县人民检察院审查起诉。长丰县人民检察院审查认为，张某某另有以租车抵押方式诈骗朱某的犯罪事实，在起诉时依法予以追加。同年3月15日，长丰县人民检察院以诈骗罪对张某某提起公诉。长丰县人民法院对该案作出判决，采纳长丰县人民检察院指控意见，认定张某某犯诈骗罪，判处有期徒刑3年2个月，并处罚金人民币3.5万元。

■ 主要问题

行为人骗取财物后又出具欠条，是否构成诈骗罪？

■ 意见分析

□ 意见分歧

欠条通常是民间借贷关系的表征，司法实践中对骗取他人财物后又出具欠条的性质认定主要有两种意见。

第一种意见认为,骗取他人财物后又出具欠条,表明行为人具有还款意愿。如行为人不偿还债务,被害人可以凭借欠条通过民事诉讼主张权利,根据刑法谦抑性原则,不宜认定行为人具有非法占有的目的,因此不应认定为诈骗。

第二种意见认为,骗取他人财物,自被害人处分财物之时起即犯罪既遂。行为人事后出具欠条,无实际还款或积极筹措资金等客观行为,不能阻却其非法占有目的成立,依法应当认定为诈骗。

□ 意见评析

有无非法占有目的,是判定一个行为是否构成诈骗的必要条件。笔者认为,骗取他人财物后又出具欠条,是否构成诈骗罪,首先要审查行为人是否具有非法占有的目的,具体审查方面有:

第一,行为人是否虚构事实或隐瞒真相。诈骗罪构成要件要求行为人虚构或隐瞒关键事实,且足以致使被害人陷入错误认识进而处分财产。本案中,张某某虚构沈某某所有的汽车出了严重交通事故,已经贬值并且不适合再驾驶的关键事实,进而提出帮助沈某某处理事故车辆并承诺自己出钱弥补沈某某的损失。该欺骗行为已使被害人对车辆事故产生错误认识,并将"事故车辆"交由张某某处置,足以表明张某某主观上具有非法占有的目的。

第二,行为人是否具有还款能力和意愿。在民间借贷中,行为人具有还款意愿且一般具有还款能力,也就是客观上具有归还可能性。"欠款型诈骗"行为人在犯罪时主观上具有非法占有的目的,没有还款意愿。客观上,债务数额与其实际收入、预期收入等财产状况明显不匹配,不具有还款的现实可能性。司法实践中,出具欠条或其他掩盖欺骗事实的行为仅是维持欺骗或诈骗之手段。本案中,张某某行骗时,资金周转紧张,所得赃款也全部用于个人支出,可见其已经丧失清偿能力,也不具有清偿意愿。

第三,行为人是否有实际还款行为。评价犯罪行为应立足于犯罪的时间和行为,不能以事后行为否定犯罪目的,进而否定行为性质。本案中,张某某虚构"事故车辆"事实,占有赃款后不实际还款,出具欠条行为就是"一纸空文",更不能以"欠条"具有民事可诉性而否定行为人犯罪目的和被害人的财产损失。该"借条"与基于诚信、合意的民间借款有本质区别,不能以此"诈骗手段"否认其行为的危害性。

综上,在行为人诈骗行为既遂的情况下,事后出具欠条等掩盖欺骗事实的手段或措施,不宜仅仅从形式上进行评价,而应该整体穿透分析诈骗行为的本质,准确认定行为人的犯罪目的和行为性质。

(供稿:合肥市长丰县人民检察院　张丹丹)

4. 杨某某（斡旋）受贿案

——如何甄别“打招呼”的性质

■ 基本案情

被告人杨某某，男，某市中级人民法院审判监督庭庭长、审判委员会委员（副处级）。

被告人杨某某在担任某市中级人民法院执行庭庭长、民二庭副庭长、民一庭副庭长等职务期间，利用职务上的便利，为他人谋取利益；利用本人职权或地位形成的便利条件，通过违规向相关案件承办法官说情、“打招呼”，为他人谋取不正当利益，收受他人所送现金、购物卡、加油卡等，价值共计 40 余万元。

2019 年 5 月 31 日，法院以受贿罪判处杨某某有期徒刑 2 年，并处罚金 24 万元。

■ 主要问题

如何认定斡旋受贿中“打招呼”的性质？如何区分直接受贿、斡旋受贿和违纪行为？

■ 意见分析

□ 意见分歧

第一种意见认为，“打招呼”是违反法官职业规范的行为，杨某某违反规定“打招呼”属于最高人民法院、最高人民检察院《关于办理行贿刑事案件具体应用法律若干问题的解释》（以下简称《解释》）第十二条规定的“谋取不正当利益”的范畴，收受邹某、李某等人所送现金、购物卡、加油卡合计人民币 40 余万元，应计入受贿犯罪数额。

第二种意见认为，杨某某通过向法官“打招呼”并收受财物的行为应根据具体情况区别对待，“打招呼”可能符合《刑法》第三百八十五条的犯罪构成要件，也可能符合《刑法》第三百八十八条的犯罪构成要件，也可能不构成犯罪，应根据具体情况区别认定。

□ 意见评析

笔者同意第二种意见。

从刑法规定看，斡旋受贿一般有三个重要特征，即职权未及性、职务非制约性和权力交换性。认定斡旋受贿中的“打招呼”是否属于“利用本人职权或者地位形成的便利条件”，一般应根据具体案情分为以下四种情况：(1)“随口说说”+不能利用他人职权+正当/不正当利益+收受财物=违纪行为；(2)“认真对待”+利用他人职权+不正当利益+收受财物=斡旋受贿行为；(3)“认真对待”+利用他人职权+正当利益+收受财物=违纪行为；(4)“命令式”+利用他人职权+正当/不正当利益+收受财物=受贿行为。杨某某在担任某市中级人民法院民二庭副庭长期间，接受请托人委托向该庭承办法官“打招呼”，希望对请托人李某债务纠纷案判决时予以照顾，并收受请托人李某2万元的行为，应认定直接受贿，而非斡旋受贿。

从“不正当利益”范围看，《解释》第十二条规定了“不正当利益”的范围，但“司法活动”有别于“经济、组织人事管理等活动”，不能简单将当事人所维护的利益一概认定为“不正当利益”。杨某某在担任某市中级人民法院执行庭庭长期间，接受请托人赖某委托向B市中级人民法院执行庭副庭长“打招呼”，要求依据生效判决书为赖某进行财产执行，并收受请托人赖某1.5万元，杨某某、赖某、承办法官明知执行诉求具有正当性。因此，该涉案金额不应计入斡旋受贿数额。

从证据角度看，“打招呼”的内容应当有相关证据证明。首先，请托人与行为人之间、行为人与其他国家工作人员之间的请托事项要形成两两传递。一般要有相对明确的请托事项，从而进一步认定请托利益是否属于“不正当利益”。其次，三方在对请托事项表达和传递的过程中，应当有必要的证据，“打招呼”的证据内容不能过于空化、虚化。杨某某在担任某中级人民法院民一庭副庭长期间，收受何某1万元购物卡。何某希望杨某某向C区法院刑庭“打招呼”，由于在案证据过于空化和虚化，无法判断三方对不正当利益的明知，该案审理也没有受到“打招呼”的影响。因此，该事实不应认定为受贿犯罪。

从司法实践看,国家工作人员之间相互“打招呼”在受贿犯罪领域具有隐蔽化、复杂化的趋势。“打招呼”行为性质的认定,应当根据个案案情、具体证据情况进行综合判断,既不能因该犯罪方式复杂隐蔽、难以准确界定而作一般违纪处理,也不能将所有“打招呼”的行为不加区别地认定为斡旋受贿,应做到不“枉”不“纵”。

（供稿:马鞍山市和县人民检察院　马云飞）

5. 许某某贪污、受贿案

——逢年过节接受亲属赠送钱款是否构成受贿

■ 基本案情

被告人许某某，男，某市中级人民法院原党组书记、院长。

被告人许某某利用职务上的便利，或利用本人职权、地位形成的便利条件，通过其他国家工作人员的职务行为，为担任深圳某股份有限公司董事长的弟弟谋取利益，先后收受财物折合人民币共计156万元。其中，2002年至2018年，许某某的弟弟多次送给许某某财物共计68万元。（其余事实略）

2021年11月29日，一审法院以许某某犯贪污罪、受贿罪，判处有期徒刑15年，并处罚金180万元。许某某不服一审判决，提出上诉。2022年1月21日，二审法院裁定驳回上诉，维持原判。

■ 主要问题

逢年过节期间接受亲属财物能否认定为受贿？

■ 意见分析

□ 意见分歧

第一种意见认为，亲属之间赠送财物符合中华传统文化，也属于正常人情来往，以法律去评价亲属间的财物流动，有过度干预日常生活的嫌疑，不宜作为受贿犯罪处理。

第二种意见认为，身份关系不是成立受贿犯罪的阻却事由，以职权为亲属谋利并收受财物的，已经超出传统文化所倡导和包含的礼尚往来的范畴，应纳入刑法评价。

□ 意见评析

笔者同意第二种意见。刑法对行贿主体身份未作特殊规定，若亲属间行受贿行为的事实清楚、证据确实充分，可以成立贿赂犯罪。但在司法实务中，亲属间的权钱交易行为往往隐藏于亲情伦理衍生的赠与、继承、财产混同等复杂关系中，收受贿赂与谋利事项的对应性不易辨析。

认定行为是否成立犯罪应严格依照犯罪构成，受贿行为认定应围绕是否存在职权行为、是否基于职权产生交易对价。对于受贿犯罪，刑法只对收受财物方的身份作了规定，没有对行贿方的身份作出规定。因此，理论上行贿人身份不影响贿赂犯罪构成。近亲属之间存在不同于一般行受贿双方的特殊关系，可以将亲属之间的正常人情往来排除在受贿犯罪之外，但基于权钱交易的，应当认定为受贿犯罪。根据2008年最高人民法院、最高人民检察院《关于办理商业贿赂刑事案件适用法律若干问题的意见》第十条的规定，区分贿赂与馈赠的界限，主要应当结合以下因素全面分析、综合判断：（1）发生财物往来的背景，如双方是否存在亲友关系及历史上交往的情形和程度；（2）往来财物的价值；（3）财物往来的缘由、时机和方式，提供财物方对于接受方有无职务上的请托；（4）接受方是否利用职务上的便利为提供方谋取利益。该规定对于区分亲属间正常人情往来与行受贿提供了重要参考。本案中，许某某与其弟弟之间存在一定的人情往来，但许某某逢年过节收受其弟弟的财物，明显超出了正常人情往来的范畴，应当认定为受贿。理由如下：

第一，在案证据能够证实许某某利用职务便利，多次为其弟弟谋取利益。许某某利用职务便利，在其弟弟的公司投资拿地获取补偿款、担保贷款、诉讼案件处理中，多次为其弟弟谋取利益。这是判断受贿行为最重要的基础事实，即是否有谋利行为。

第二，从收受财物的背景及财物价值看，具有明显的权钱交易性质。许某某于2002年担任某区区长后，其弟弟打算到该区投资，并请许某某关照。2002年借春节时机送给许某某2万元，该数额远高于以往兄弟二人之间的人情往来。2003年，许某某利用职权为其弟弟拿地获取补偿款后，其弟弟送给许某某18万元。在此后长达十多年的时间里，许某某多次为其弟弟帮忙，其弟弟不仅在每次获利后贿送给许某某巨额财物，并借逢年过节等时机赠送给许某某财物，共计68万元。两人财物往来总数额及每次单笔数额均明显超出正常人情来往，属于“按次受贿”

和“按节受贿”的结合，两种情形相互交织，均是以职权为基础，应作整体评价。

第三，从双方对收受财物目的和性质的认识上看。许某某弟弟每年给许某某送钱，一方面是对许某某提供帮助表示感谢，另一方面也是维护关系，让许某某更主动积极地利用职权为其提供帮助，而许某某对此有明确认知，且事实上也利用职权为其谋取了利益。

第四，与送给许某某巨额财物相比，其弟弟没有反向获得许某某相应赠予，且其他兄弟姐妹均没有得到弟弟相当的馈赠，更加凸显许某某的职务在获得财物方面起到的关键作用。故本案是典型的亲属之间“权钱交易”，是行为人借亲属关系行受贿之实的行为，构成受贿犯罪。

本案也具有证据收集、采信借鉴意义，办理此类案件除要收集一般贿赂犯罪所需的证据外，还应当注意搜集足以否定人情往来、亲情馈赠的排除性证据，以及足以认定馈赠财物与谋取利益具有对价关系的证据，运用经验法则综合判断是亲友之间正常礼尚往来还是权钱交易。

（供稿：滁州市人民检察院　王志明　王冬声）

6. 郑某某故意伤害案

——被害人严重过错与正在进行的不法侵害的区分

■ 基本案情

郑某某与被害人杨某某(女)因土地权属问题多次发生争执,经多次处理未果。2018 年 8 月 28 日 17 时许,郑某某持铁锹在其家门前挖地时,杨某某拿着三股铁叉到郑某某家门前,用铁叉朝郑某某后背刺去,郑某某及时发现后躲避,但左肩部、左上肢仍被轻微划伤。郑某某随即用铁锹对杨某某头部、背部猛击数次,致杨某某重伤。后杨某某经抢救无效于当晚死亡。经鉴定,杨某某系被钝器打击致颅脑损伤死亡。

2019 年 4 月 2 日,阜阳市中级人民法院作出一审判决,认定郑某某犯故意杀人罪,判处无期徒刑(鉴于被害人有明显过错),剥夺政治权利终身。案件宣判后,郑某某不服一审判决,提出上诉。安徽省人民检察院经审查认为,郑某某的行为属于防卫过当,构成故意伤害罪,应当对其减轻处罚。2019 年 10 月 24 日,安徽省高级人民法院作出刑事裁定,以原判部分事实不清为由,撤销判决,发回重审。

2020 年 4 月 20 日,阜阳市中级人民法院重审后作出判决,认定郑某某犯故意杀人罪,判处有期徒刑 15 年(鉴于郑某某自首,被害人有明显过错),剥夺政治权利终身。案件宣判后,郑某某不服,再次提出上诉。安徽省人民检察院经审查认为,郑某某的行为属于防卫过当,构成故意伤害罪,建议二审法院予以纠正。2020 年 12 月 28 日,安徽省高级人民法院作出刑事判决,认定郑某某的行为属于防卫过当,构成故意伤害罪,判处有期徒刑 9 年。

■ 主要问题

被害人严重过错与正在进行的不法侵害如何区分?

■ 意见分析

□ 意见分歧

第一种意见认为,郑某某构成故意杀人罪。郑某某在杨某某偷袭其未果后,“积极”与杨某某殴斗,持铁锹多次猛击被害人杨某某要害部位,致杨某某左颞顶部、左颞部、左枕部头皮及皮下淤血,左侧颞肌出血,颅骨骨折,硬膜下出血,蛛网膜下腔出血,右额叶、左颞叶脑挫伤,左颅中窝骨折,可见打击时力度之大。案发后,郑某某任由杨某某躺在地上,对杨某某不闻不问,无任何施救行为,放任危害结果的发生。故郑某某主观上具有剥夺他人生命的故意,客观上实施了杀人行为,应当依法认定为故意杀人罪。

第二种意见认为,郑某某不应当负刑事责任,其行为属于正当防卫。杨某某持三股铁叉刺郑某某后背,且致郑某某左肩部、左上肢轻微划伤,杨某某的行为应当属于持械危及他人人身安全的“行凶”行为。郑某某为制止杨某某正在进行的不法侵害行为,持铁锹打击杨某某的头部,对杨某某采取防卫行为,造成不法侵害人杨某某死亡,不属于防卫过当,不负刑事责任。

第三种意见认为,郑某某构成故意伤害罪,其行为属于防卫过当。杨某某持铁叉袭击郑某某的行为应属于正在进行的不法侵害,郑某某的还击行为属于正当防卫,但其持铁锹连续拍打杨某某的头部,且造成了杨某某死亡的重大损害结果,其行为明显超出了正当防卫的必要限度,属于防卫过当。

□ 意见评析

笔者同意第三种意见,理由如下。

本案的焦点是被害人杨某某持铁叉袭击郑某某的行为、郑某某持铁锹还击杨某某并致其死亡行为的定性问题。杨某某持铁叉袭击郑某某属于正在进行的不法侵害行为,郑某某实施的连续性还击行为符合正当防卫的时间条件,不属于防卫不适时情形,但郑某某的防卫行为超出了正当防卫的必要限度,属于防卫过当,应负故意伤害的刑事责任。

第一,对于因民间矛盾引发的被害人具有先前加害行为的命案,要审慎判断加害行为的性质,正确区分被害人严重过错和正在进行的不法侵害。二者区分的关键有二:一是两者过错行为性质和程度不同,被害人严重过错对犯罪的发生具有刺激、诱发作用,但当被害人过错达到罪错程度或具有攻击性、破坏性、紧迫性足以危及人身财产安全时,就不能仅仅以被害人具有严重过错来评价,而应当判断是否属于不法侵害。二是两者对过错时间的要求不同。被害人严重过错发生在被告人犯罪实施前及犯罪实施过程中即可,不要求正在进行。不法侵害作为正当防卫或防卫过当的前提,必须是正在进行的,即在被告人实施反击行为前正在发生,不法侵害是否已经结束,应当立足被告人所处情境,按照社会公众的一般认知,依法作出合乎情理的判断。

第二,被害人过错达到罪错程度或具有攻击性、破坏性、紧迫性足以危及人身财产安全时,应当评价为正在进行的不法侵害行为。首先,从被害人过错行为和矛盾性质上看,本案系民间矛盾激化引发的、发生在熟人之间的一起命案。根据最高人民法院1999年印发的《全国法院维护农村稳定刑事审判工作座谈会纪要》的相关规定,对于因民间矛盾激化引发的故意杀人犯罪,应当与发生在社会上的严重危害社会治安的其他故意杀人犯罪案件有所区别。本案中,杨某某持铁叉袭击郑某某的行为系双方因土地权属纠纷引起的,该加害行为与发生在社会上一般人之间的行凶、杀人、抢劫、强奸、绑架以及其他严重危及人身安全的暴力犯罪,无论是在主观恶性还是在暴力程度、危险程度等方面都不具有相当性,故不能将杨某某的加害行为认定为特殊防卫条款中的行凶或其他严重危及人身安全的暴力犯罪行为。其次,从被害人过错行为的程度和时间上看,当被害人过错达到罪错程度或具有攻击性、破坏性、紧迫性足以危及人身财产安全时,就不能仅仅以被害人具有严重过错来评价,而应当判断是不是正在进行的不法侵害行为。本案中,杨某某持铁叉从背后偷袭郑某某,使郑某某的人身安全处于紧迫、现实的侵害或威胁之中,郑某某及时发现后躲避,但左肩部、左上肢仍被划伤,显然杨某某的行为已经超出了被害人严重过错程度,应当属于不法侵害。案发特别突然,郑某某也是在惊慌、恐惧和愤怒之中仓促实施了还击行为,应当立足郑某某当时所处情境,将这种持续还击行为作为整体进行评价。在杨某某被郑某某的还击行为击倒在地的瞬间,要求郑某某立刻冷静下来,精确判断杨某某是否失去侵害能力或者确已放弃侵害,明显不具有合理性,而且郑某某实施反击行为的时间短暂,几次拍打行为连续一贯,是基于一个行为意志发动的还击行为,不宜人为地割裂郑某某实施的连续性还击行为,认为前半段还击行为具有正当防卫性质,后半段还击行为系犯罪行为。所以,本案中郑某某实施的连续性还击行为符合正当防卫的时间条件,不属于防卫不适时情形,被害人杨某某的加害行为应当依法认定为正在进行的不法侵害,郑某某的还击行为属于正当防卫范畴。

第三,综合考虑双方力量对比、损害后果等因素,准确把握防卫行为的必要限度。《刑法》第二十条第二款规定:“正当防卫明显超过必要限度造成重大损害的,应当负刑事责任,但是应当减轻或者免除处罚。”判断防卫是否过当,应当综合考虑不法侵害的性质、手段、强度、危害程度以及防卫的性质、时机、手段、强度、所处环境和损害后果等情形。本案中,被害人杨某某的加害行为虽具有危险性和紧迫性,但在郑某某躲开偷袭、持铁锹正面面对杨某某时,双方在性别、年龄上的差异导致双方在力量对比上差别较大,被告人郑某某具有力量上的优势,虽不能要求郑某某理智判断不法侵害是否结束,但郑某某受到进一步不法侵害的紧迫性和现实可能性已有所降低。此时,郑某某可以通过其他较缓和的形式和手段维护自身权益,却仍持铁锹连续拍打杨某某的头部,明显超出了正当防卫的必要限度,并且造成了杨某某死亡的重大损害后果。综合考虑案件起因、案发过程、双方力量、损害后果等因素,将郑某某的反击行为认定为防卫过当更为妥当,更加符合社会一般公众的公平正义观念和感受,既保护了防卫者的合法权益,也引导社会大众理性平和地解决争端。

(供稿:阜阳市人民检察院　王文影)

7. 李某某污染环境案

——篡改环境质量监测计算机系统系数的行为如何定性

■ 基本案情

李某某系铜陵有色公司铜冠冶化分公司（以下简称铜冠冶化公司）球团车间副主任，负责该车间的生产、环保等方面工作。2021 年 8 月 7 日 9 时许，球团车间生产设备脱硫加碱泵发生故障。李某某即下达指令停止投料生产并紧急抢修，但在设备维修期间在炉余料燃烧会导致大气污染物二氧化硫浓度超标。李某某在明知可能超标排放二氧化硫的情况下，私自进入环境监管部门的在线监测站房，擅自登录监测计算机系统，两次篡改二氧化硫 B 系数，造成监测设备未能真实记录二氧化硫排放数值。当日 10 时许，待设备维修完毕，李某某将二氧化硫 B 系数恢复为初始值。同年 8 月 22 日，李某某为确认系数能否修改，再次进入在线监测站房并短暂篡改二氧化硫 B 系数后恢复。

李某某私自篡改计算机系统系数的行为，造成上传至生态环境部门的二氧化硫数值严重失真。铜陵市生态环境局发现数据异常并进行现场检查，发现了李某某篡改系统系数的事实。

2021 年 11 月 4 日，铜陵市公安局经济技术开发区分局以破坏计算机信息系统罪将李某某移送铜陵市铜官区人民检察院审查起诉。

铜陵市铜官区人民检察院审查认为：李某某的行为不构成破坏计算机信息系统罪，但构成污染环境罪，李某某具有坦白、自愿认罪认罚、初犯、偶犯等从轻处罚情节，又系铜冠冶化公司技术骨干，拥有多项公开专利技术。2022 年 4 月 19 日，铜陵市铜官区人民检察院在依法进行公开听证后，依据《刑事诉讼法》第一百七十七条第二款的规定，对李某某作出不起诉决定。

■ 主要问题

行为人实施篡改、伪造环境质量自动监测数据或者干扰环境质量自动监测设施的行为，能否认定为污染环境罪？

■ 意见分析

□ 意见分歧

第一种意见认为，李某某擅自登录监测计算机系统，修改环境质量监测系统参数，造成系统运行结果异常，系对计算机信息系统的破坏，依据最高人民法院、最高人民检察院《关于办理环境污染刑事案件适用法律若干问题的解释》（法释〔2016〕29 号，以下简称《环境解释》）第十条第一款①的规定，应认定为破坏计算机信息系统罪。

第二种意见认为，李某某修改环境质量监测系统参数，属于《刑法》第二百八十六条第一款规定的对计算机信息系统功能进行修改，造成计算机信息系统不能正常运行，但并未达到后果严重，不能认定为破坏计算机信息系统罪。同时，李某某作为重点排污单位铜冠冶化公司的工作人员，篡改自动监测数据，排放二氧化硫污染物，符合《刑法》第三百三十八条第一款之规定，应认定为污染环境罪。

□ 意见评析

《环境解释》第十条第一款规定："违反国家规定，针对环境质量监测系统实施下列行为，或者强令、指使、授意他人实施下列行为的，应当依照刑法第二百八十六条的规定，以破坏计算机信息系统罪论处：（一）修改参数或者监测数据的；（二）干扰采样，致使监测数据严重失真的；（三）其他破坏环境质量监测系统的行为。"②持第一种意见的观点认为，符合以上情形的，即构成破坏计算机信息系统罪，不再考虑适用 2011 年 9 月 1 日施行的最高人民法院、最高人民检察院《关于

① 《环境解释》已于 2023 年 8 月 15 日废止。现该内容主要规定于最高人民法院、最高人民检察院《关于办理环境污染刑事案件适用法律若干问题的解释》（法释〔2023〕7 号，以下简称新《环境解释》）第十一条第一款。

② 新《环境解释》第十一条第一款规定："违反国家规定，针对环境质量监测系统实施下列行为，或者强令、指使、授意他人实施下列行为，后果严重的，应当依照刑法第二百八十六条的规定，以破坏计算机信息系统罪定罪处罚：（一）修改系统参数或者系统中存储、处理、传输的监测数据的；（二）干扰系统采样，致使监测数据因系统不能正常运行而严重失真的；（三）其他破坏环境质量监测系统的行为。"

办理危害计算机信息系统安全刑事案件应用法律若干问题的解释》（以下简称《计算机信息系统解释》）。

笔者同意第二种意见。

《环境解释》第十条第一款的规定只是对司法人员适用法律的注意规定，不是对《刑法》第二百八十六条第一款作出的特别规定或解释，主要理由如下。

第一，司法解释是在适用法律过程中对具体应用法律问题所作的解释，必须在法律的范围内进行理解和适用。首先，《刑法》第二百八十六条第一款规定，“违反国家规定，对计算机信息系统功能进行删除、修改、增加、干扰，造成计算机信息系统不能正常运行，后果严重的……”，第二款规定，“违反国家规定，对计算机信息系统中存储、处理或者传输的数据和应用程序进行删除、修改、增加的操作，后果严重的，依照前款的规定处罚”。该两款条文为了合理界定处罚范围，作出了“造成计算机信息系统不能正常运行，后果严重”和“后果严重”的限定。其次，《计算机信息系统解释》第四条也对上述的客观处罚条件进一步作出解释，比如“造成十台以上计算机信息系统的主要软件或者硬件不能正常运行的”“对二十台以上计算机信息系统中存储、处理或者传输的数据进行删除、修改、增加操作的”，这是客观处罚条件在司法解释中的明确规定，是刑法谦抑性的体现。据此，对符合《环境解释》第十条第一款规定的行为，同样要考虑是否属于“后果严重”，不宜“一刀切”作入罪处理。

第二，破坏计算机信息系统罪类属妨害社会管理秩序犯罪，应当考虑其对社会管理秩序造成的妨害，实质化把握对“后果严重”的认定。除《计算机信息系统解释》第四条规定的情形外，司法实践中认定是否属于“后果严重”，需综合考虑：(1)行为人是否系从事环境质量监测设施维护、运营的人员；(2)是否多次针对环境质量监测系统实施修改参数、干扰取样等行为，以及修改参数、干扰取样的时间跨度；(3)是否造成环境质量监测系统的功能无法或难以恢复；(4)是否造成监测数据严重失真；(5)失真的监测数据是否已发送至监测总站并向社会公布，是否被作为环境质量评价的基础数据；(6)失真的监测数据是否影响了全国大气环境的治理；(7)其他恶劣社会影响。本案中，李某某擅自登录监测系统，篡改系统系数，待设备维修完毕即恢复初始值，持续时间约 1 个小时；失真的监测数据在上传至铜陵市生态环境局时即被发现从而进行现场检查，未造成扩大影响。由此，综合考察不能认定为“后果严重”，未达到《刑法》第二百八十六条第一款规定的客观处罚条件。

第三，李某某的行为构成污染环境罪。破坏计算机信息系统罪与污染环境罪并不是特别法条与一般法条的法条竞合关系，仍要考察是否符合污染环境罪的犯罪构成。根据《环境解释》第一条第七项的规定，“重点排污单位篡改、伪造自动监测数据或者干扰自动监测设施，排放化学需氧量、氨氮、二氧化硫、氮氧化物等污染物的”，应当认定为“严重污染环境”。① 另外，该条还规定了其他更为具体、更为严重，应当认定为严重污染环境的情形。基于刑事政策考虑，某一犯罪在规定自然人或单位均为适格行为主体时，单位犯罪的追诉条件较自然人犯罪会相同甚至更高。《环境解释》第一条第七项针对“重点排污单位”规定更低的追诉条件，表明该项并不是就单位犯罪作出的特别规定，并非排除自然人犯罪的适用。实际上，《环境解释》第一条第七项系一种司法推定。因为重点排污单位的排污量往往较大，其实施篡改、伪造自动监测数据或者干扰自动监测设施的行为会造成认定污染环境的证据无法获取，进而难以证明犯罪行为达到“严重污染环境”的处罚条件。因此，为了准确打击犯罪，不轻枉犯罪分子，司法解释以推定的方式作出了上述规定。

本案中，李某某所实施的行为符合《环境解释》第一条第七项规定的篡改自动监测数据的行为类型。虽然本案未体现单位意志，系自然人犯罪，但仍可以适用《环境解释》第一条第七项的规定。根据《铜陵市 2021 年重点排污单位名录》，铜冠冶化公司系铜陵市大气环境重点排污单位，铜陵市生态环境局的《情况说明》中通过数据反向核算也证实二氧化硫污染物的排放量超过国家排放标准。因此，李某某的行为应当认定为污染环境罪。同时，应当考虑具体情节，如李某某并未造成环境监测系统功能实质性损坏，故障排除后及时修复；在设备故障的情况下，炉内余料燃烧会不可避免地引起超标排放。

综上所述，铜陵市铜官区人民检察院综合考虑以下内容：李某某作为铜冠冶化公司技术骨干，对技术骨干依法予以保护，是促进企业健康发展的有效途径；李某某具有坦白、自愿认罪认罚、初犯、偶犯等情节，可积极适用认罪认罚从宽，对李某某作不起诉处理。

（供稿：铜陵市铜官区人民检察院　徐礼庆）

---

① 根据新《环境解释》第一条第七项的规定，“重点排污单位、实行排污许可重点管理的单位篡改、伪造自动监测数据或者干扰自动监测设施，排放化学需氧量、氨氮、二氧化硫、氮氧化物等污染物的”，应当认定为“严重污染环境”。

8. 施某某受贿、洗钱案

——如何准确把握受贿犯罪与“自洗钱”、“他洗钱”犯罪的界限

■ 基本案情

被告人施某某系某市建设投资有限公司、融资担保有限公司原董事长、总经理。2018 年 2 月，施某某为其友张某某向某粮油公司借款 80 万元提供了担保，借款到期后张某某因被刑事羁押而无法归还该笔借款，某粮油公司遂向施某某主张债权。施某某为偿还该担保债务，于 2021 年年初向某置业公司总经理黄某某（施某某曾利用职权为黄某某谋取过利益）索贿现金 50 万元，并与黄某某商定，由张某某的母亲苏某某出具 50 万元借条。2021 年 4 月 2 日，施某某收取黄某某 50 万元现金后，立即安排他人将现金存入苏某某个人的银行卡，苏某某通过手机银行转账、POS 机刷卡等方式将钱款全部支付给某粮油公司。当日，某粮油公司向苏某某出具一张收到张某某 50 万元的收条。

2021 年 11 月 12 日，安徽省舒城县人民检察院以施某某犯受贿罪、洗钱罪对其提起公诉。同年 12 月 30 日，安徽省舒城县人民法院以受贿罪判处施某某有期徒刑 4 年 6 个月，并处罚金 20 万元；以洗钱罪判处施某某有期徒刑 6 个月，并处罚金 1 万元，决定执行有期徒刑 4 年 9 个月，并处罚金 21 万元。施某某自愿认罪认罚，本案判决已生效。

■ 主要问题

如何准确把握受贿犯罪与“自洗钱”和“他洗钱”犯罪的界限？

■ 意见分析

□ 意见分歧

2021 年 3 月 1 日施行的《刑法修正案(十一)》,从法律上明确规定“自洗钱”行为和“他洗钱”行为并列,均构成洗钱罪。传统的赃物犯罪理论认为,洗钱行为是上游犯罪的必经阶段,且在司法实践中,对于上游受贿犯罪与下游洗钱犯罪的界限有不同的意见。因此,在办案时要注意准确把握受贿行为和“自洗钱”、“他洗钱”行为的界限,并从洗钱的行为模式、主观意图等方面准确认定“自洗钱”和“他洗钱”犯罪行为。

第一种意见认为,施某某的行为应当认定为受贿犯罪一罪处理。理由如下:事先施某某和黄某某约定由苏某某出具 50 万元借条;事中施某某收取黄某某 50 万元现金,立即将现金存入苏某某个人的银行卡的行为系受贿犯罪行为的一个阶段行为,至此,双方的行受贿犯罪行为既遂;事后苏某某通过手机银行转账、POS 机刷卡等方式将钱款全部支付给某粮油公司,某粮油公司向苏某某出具收条,该债务清偿行为系苏某某的个人行为,不能评价为施某某的“自洗钱”犯罪行为,即使构成洗钱犯罪,也是苏某某的“他洗钱”犯罪。故对施某某的行为应当认定为受贿犯罪一罪处理。

第二种意见认为,施某某的行为应当认定为受贿犯罪、洗钱犯罪,数罪并罚。理由是施某某基于偿还担保债务的目的而索贿,其于 2021 年 4 月 2 日收取黄某某 50 万元现金时,双方的行受贿犯罪行为已经既遂。对于事先施某某和黄某某约定由苏某某出具 50 万元借条,事后经施某某安排,将现金存入苏某某个人的银行卡,由苏某某通过手机银行转账、POS 机刷卡等方式将钱款全部支付给某粮油公司的行为,虽然某粮油公司向苏某某出具了收条,但该债务清偿行为系在施某某控制下完成的,其本质系施某某偿还担保债务的行为。施某某为掩盖、隐瞒该笔受贿款的来源和性质,通过控制苏某某完成其偿还担保债务的目的,从而将受贿款转化成对张某某的可期待的债权(担保人对主债务人的追偿权),应当评价为施某某独立的“自洗钱”犯罪行为,且苏某某在主观上不明知现金系施某某受贿犯罪所得,苏某某的行为不构成“他洗钱”犯罪。故对施某某的行为应当认定为受贿罪、洗钱罪,数罪并罚。

□ 意见评析

笔者同意第二种意见,理由如下。

第一,洗钱犯罪是在上游犯罪完成、取得或者控制犯罪所得及收益后实施的下游犯罪活动,洗钱犯罪和上游犯罪分别具有独立的犯罪构成要件。在办理受贿犯罪涉洗钱犯罪时,一定要注重区分上游受贿犯罪与下游洗钱犯罪的界限,上游受贿犯罪的独立完成状态是下游洗钱犯罪成立的前提条件。同时,对于确定受贿犯罪是否完成,还可以通过行受贿犯罪对偶性的特征进一步进行判断。结合本案,施某某于2021年年初向黄某某索贿现金50万元,2021年4月2日收受黄某某50万元现金,结合受贿犯罪的构成要件,施某某有索贿行为,有收受贿赂款的行为,在收受黄某某现金时,受贿犯罪已经完成。至于事先施某某和黄某某约定由苏某某出具借条的行为,事后施某某安排将现金存入苏某某个人的银行卡的行为,都与受贿犯罪的独立构成没有关系。另外,从行受贿犯罪的对偶性特征进行判断,黄某某将现金交付给施某某时,黄某某的行贿行为已经完成。因此,不能以现金存入苏某某银行卡作为受贿犯罪的完成行为。

第二,"自洗钱"犯罪是指行为人在上游犯罪完成后,自行掩饰、隐瞒上游犯罪的所得及收益的来源和性质的行为,与"他洗钱"的犯罪主体不同。在办理受贿犯罪涉洗钱犯罪时,要结合洗钱的行为模式、主观意图等方面准确认定是"自洗钱"还是"他洗钱"的犯罪行为。结合本案,从行为形式上来看,掩盖、隐瞒受贿款的来源和性质的行为由苏某某实施完成,苏某某将受贿犯罪所得全部支付给某粮油公司。本案中,苏某某被实际控制,仅仅承担工具人的角色,且苏某某在主观上不明知现金系施某某受贿犯罪所得,苏某某的行为不构成"他洗钱"犯罪。从行为实质上来看,施某某为掩盖、隐瞒受贿犯罪所得,通过控制苏某某完成其偿还担保债务的目的,从而将受贿款转化成对他人的合法债权,施某某通过控制第三人,完成其使用受贿犯罪所得偿还担保债务的目的,其行为构成"自洗钱"犯罪。

综上所述,本案中施某某的行为同时构成受贿罪、洗钱罪,应当依法数罪并罚。

（供稿:六安市舒城县人民检察院　孙　燕）

9. 水某某、李某买卖国家机关证件案

——如何界定买卖国家机关证件案件中“买”的行为

■ 基本案情

2020 年，芜湖市某区应急管理局要求所有特种作业企业均要为作业员工办理特种作业操作证。某县某机械有限公司法定代表人水某某、某机械制造有限公司法定代表人李某分别以每张 500 元的价格从庞某某、陈某某（均另案处理）处购买无效特种作业操作证 16 本、7 本，共计 23 本。后被芜湖市某区应急管理局检查发现，公安机关立案查处。

2021 年 9 月 18 日，芜湖市公安局繁昌分局以水某某、李某涉嫌买卖国家机关证件罪，向芜湖市繁昌区人民检察院移送审查起诉。2021 年 11 月 4 日，芜湖市繁昌区人民检察院在依法进行公开听证后，依据《刑事诉讼法》第一百七十七条第二款的规定，对水某某、李某作不起诉决定。

■ 主要问题

《刑法》第二百八十条第一款中伪造、变造、买卖国家机关公文、证件、印章或者盗窃、抢夺、毁灭国家机关公文、证件、印章的“情节严重”的标准，刑法条文没有明确规定，也无相关司法解释进行详细规定，司法实践中，是否应依据 2007 年最高人民法院、最高人民检察院《关于办理与盗窃、抢劫、诈骗、抢夺机动车相关刑事案件具体应用法律若干问题的解释》（以下简称《解释》）的规定，以累计达到 15 本的数量标准作为“情节严重”的认定标准？

■ 意见分析

□ 意见分歧

第一种意见认为，虽然《刑法》第二百八十条第一款没有对“情节严重”作出明确规定，但《解释》第二条第二款明确规定，伪造、变造、买卖机动车行驶证、登记证书，累计达到第一款规定数量标准（3 本）5 倍以上的，属于《刑法》第二百八十条第一款规定中的“情节严重”，处 3 年以上 10 年以下有期徒刑。参照《解释》的规定，同类罪名的刑罚评价标准应当统一，买卖国家机关证件“情节严重”的数量标准应确定为 15 本。本案中，水某某购买特种作业操作证达 16 本，构成“情节严重”。

第二种意见认为，虽然《解释》对买卖机动车行驶证、登记证书的“情节严重”进行了明确规定，但是不应类推适用于所有的国家机关公文、证件、印章。“情节严重”不能唯数字论，应当根据常识常情，综合考虑主观目的、社会影响、造成的经济损失或其他后果等诸多因素进行判断。本案中，水某某购买假证行为未造成人身损害或经济损失等后果，不应机械类推适用买卖机动车行驶证、登记证书的标准，故认为其行为不构成“情节严重”。

□ 意见评析

在法律及司法解释尚未作出明确规定的情况下，应当综合分析行为人主观恶性、社会危害程度等方面，客观评判犯罪“情节严重”的标准，确保罪责刑相适应。笔者同意第二种意见，理由如下。

第一，不能随意扩大《解释》中的“情节严重”标准的适用范围。根据该《解释》的规定，伪造、变造、买卖机动车行驶证、登记证书，累计 3 本以上的，构成伪造、变造、买卖国家机关证件罪，达到上述规定数量标准 5 倍以上的，属于“情节严重”。从该《解释》的出台背景来看，机动车行驶证、登记证书作为机动车的身份凭证，对机动车的合法流通起到至关重要的作用，从严惩处伪造、变造、买卖上述证件行为的目的是打击机动车销赃市场，从而实现全链条打击盗窃、抢劫、诈骗机动车的犯罪行为。从《解释》的内容来看，该罪的犯罪对象为“机动车行驶证、登记证书”，这两类证件的内涵、外延都是明确、具体的，不能人为作扩大解释，否则就是超出适用范围而违反罪刑法定原则。据此，无论从《解释》的释法旨意还是从适用范围上看，均不能机械地扩大适用于所有的国家机关证件。

第二，基于刑法的谦抑性，对买卖特种作业操作证案件中“买”的行为应综合研判，审慎界定“情节严重”。买卖国家机关证件的行为包含“买”和“卖”，“卖”的行为重点体现在谋取非法利益、破坏国家机关的行业管理秩序、放任可能造成的危害后果，应当重点予以打击。“买”的行为主要体现在证件来源的不合法，应综合购买目的、使用情况、危害后果等因素，考量行为所损害的法益，审慎界定“情节严重”的情形或数量。对“买”的行为的打击应当充分体现宽严相济的刑事司法政策，当严则严，当宽则宽。水某某的企业为合法经营的机械配件生产公司，“网上购买”证件，是为保证企业运转经营的应急之举，并非用于其他不法用途，主观恶性较小。水某某虽通过网络购买了16本特种作业操作证，但未发生生产事故，未造成人员伤亡或经济损失等危害后果，社会危害性较小。案发后，水某某主动配合接受司法机关的查处，第一时间整改违法生产经营情况，犯罪情节较轻，综合全案不宜认定构成“情节严重”，故可以作出相对不起诉处理。

（供稿：芜湖市繁昌区人民检察院　闻海烨）

10. 程某某强奸案

——如何认定零口供、无生物物证鉴定的强奸犯罪

■ 基本案情

被害人黄某某与被告人程某某住同一小区，相识但不熟悉，日常生活既无交集也无矛盾。2020 年 10 月 12 日 2 时许，程某某酒后翻窗进入被害人黄某某(1933 年出生)的卧室，强行脱掉黄某某的裤子欲与其发生性关系，黄某某强烈反抗并将程某某的脸部、胸部抓伤。程某某用拳头殴打黄某某胸口，压制反抗强行与其发生性关系。黄某某因气愤将程某某的上衣扔进便桶里。同日 5 时许，程某某拎着上衣赤膊离开后，黄某某随即委托他人报警。同日 9 时许，程某某被公安机关抓获，拒不承认进入被害人黄某某家中实施强奸犯罪行为，送检的黄某某的内裤、阴道擦拭物、外阴部擦拭物、肛部擦拭物均未检见程某某的精斑。

2021 年 1 月 25 日，宣城市宣州区人民检察院以程某某涉嫌犯强奸罪向宣城市宣州区人民法院提起公诉。2021 年 4 月 17 日，宣城市宣州区人民法院以程某某犯强制猥亵罪，判处其有期徒刑 3 年。一审宣判后，检察机关以定性错误、量刑畸轻为由提出抗诉。宣城市中级人民法院二审裁定撤销判决，发回重新审判。2022 年 3 月 2 日，宣城市宣州区人民法院以程某某犯强奸罪，判处其有期徒刑 5 年 6 个月。程某某不服一审判决，提出上诉。2022 年 5 月 30 日，宣城市中级人民法院裁定驳回上诉，维持原判。

■ 主要问题

被告人零口供，且无相关生物物证鉴定，根据被害人陈述和其他客观证据，能否认定行为人构成强奸罪？

■ 意见分析

□ 意见分歧

第一种意见认为,程某某不构成强奸罪,构成强制猥亵罪。程某某到案后对强奸的犯罪事实始终否认,送检的被害人的内裤、阴道擦拭物、外阴部擦拭物、肛部擦拭物均未检出程某某的精斑。被害人黄某某单方面陈述缺乏其他证据印证,现有证据不足以证明强奸犯罪事实。据此,程某某不构成强奸罪,但综合被害人陈述和被告人、被害人的伤情等证据,可以认定程某某违背被害人意志,强制猥亵被害人,其行为构成强制猥亵罪。

第二种意见认为,程某某构成强奸罪。虽然程某某不认罪,法医生物学痕迹鉴定没有检测出程某某的精斑,但是否射精和检测出精斑并非认定强奸罪的唯一依据。本案被害人的陈述和被程某某殴打的伤情、被害人反抗时造成的程某某的伤情、电梯监控视频、被害人委托的报警人的证人证言等证据足以认定程某某违背妇女意志,强行与被害人发生性关系,其行为构成强奸罪。

□ 意见评析

本案缺乏证明强奸犯罪事实的直接客观证据,没有提取到生物学痕迹,程某某到案后对强奸的犯罪事实始终予以否认。现有证据形成被害人陈述与被告人供述"一对一"的证据格局,应如何进行审查和认定,成为本案的争议焦点。笔者同意第二种意见,理由如下。

第一,依据证据裁判原则,生物学痕迹及鉴定意见不能作为强奸犯罪定案的唯一依据。结合《刑法》第二百三十六条的规定,强奸是指违背妇女意志,以暴力、胁迫或者其他手段,强行与妇女发生性关系。强奸罪构罪的关键在于"违背妇女意志"发生性行为,通常以男性阴茎是否插入妇女阴道为衡量强奸罪既遂与否的标准。是否从妇女体内提取到行为人的精液是认定强奸罪的重要证据之一。若提取到行为人的精液则能毫无争议地认定发生了性行为,但若由于行为人个人身体原因或突发状况没有完成射精或者其他原因未留存精液,则只要能够认定行为人违背妇女意志强行将阴茎插入受害妇女阴道,即可认定构成强奸罪既遂,阴道擦拭物上是否检见行为人的精斑是重要证据之一,却并非唯一证据。

第二,对强奸类案件"一对一"证据的审查,应注重从间接证据中寻找印证点。程某某归案后对强奸的犯罪事实始终予以否认,现场勘验检查中有价值的物证痕迹较少,应注重从间接证据中寻找印证点。

首先,程某某曾因犯强奸罪、强制猥亵罪多次被刑事处理,其既往的作案经历、行为方式与本案高度相似,差异仅在于认罪态度和供述的区别。其次,被害人黄某某与程某某仅住同一小区,尽管相识但并不熟悉,日常生活既无交集更无矛盾。从常理分析,作为老年妇女的被害人拿自己的名誉诬陷他人的可能性不大。最后,被害人案发后第一时间报案,不仅思维清晰、表达流畅、陈述稳定,而且关于程某某的个人情况、案发时间段、程某某使用暴力击打其胸口、报案过程等细节的陈述,得到程某某指甲剪片检出黄某某 DNA 的鉴定意见、黄某某 T12 椎体压缩性骨折门诊病历、黄某某大阴唇外侧可见浅表性破损妇科检查记录、程某某左脸颊和左腋前疑似抓痕的人身检查笔录、黄某某居住单元楼电梯口的视频监控、证人证言、辨认笔录等证据的有效印证,形成闭合的证据链。

第三,要注重通过间接证据与"一对一"证据的印证,综合审查判断来构建证据链,证明犯罪事实。强奸案件系隐蔽性犯罪,除被告人供述、被害人陈述等言词证据外,客观性证据的收集尤其关键。在 DNA 司法鉴定技术未出现或未被成熟运用于侦查实践时,司法机关对强奸犯罪的刑事指控或审判运用的是被害人陈述、被告人供述、现场勘查、证人证言、人身检查笔录等证据。DNA 司法鉴定技术的出现使强奸犯罪的诉讼证明变得更加科学、高效。但由于各种原因导致某些情形下 DNA 司法鉴定可能无法达到侦查机关希望直接证明案件事实的目的,司法机关不能完全依赖 DNA 司法鉴定意见,更不能让 DNA 司法鉴定意见成为认定构成犯罪的阻碍和壁垒,应对各类证据综合审查判断来构建证据链,证明犯罪事实。

综上所述,本案中,被告人零口供,且无直接生物物证鉴定支持,但根据被害人陈述和其他证据综合审查研判,可以认定被告人构成强奸罪。

(供稿:宣城市宣州区人民检察院　郑贤海　皮艳华)

11. 李某等人帮助信息网络犯罪活动抗诉案

——认罪认罚后上诉又撤诉，能否认定认罪认罚

■ 基本案情

李某等人帮助“亚博”平台“跑分”的行为涉嫌犯帮助信息网络犯罪活动罪。在六安市裕安区人民检察院审查起诉期间，李某等人对检察机关指控其犯帮助信息网络犯罪活动罪的犯罪事实、情节认定及定性均无异议，自愿认罪认罚，并在辩护人及值班律师见证下签署了《认罪认罚具结书》。2021 年 11 月 29 日，在六安市裕安区人民法院审理期间，各被告人在庭审中均表示认罪认罚，法院采纳检察机关量刑建议，以帮助信息网络犯罪活动罪判处被告人李某有期徒刑 1 年 3 个月，并处罚金 1 万元。

李某不服判决，以量刑偏重为由提出上诉。六安市裕安区人民检察院认为，李某自愿认罪认罚后反悔，以量刑过重为由提出上诉，对其量刑建议的从宽基础已不存在，一审判决量刑不再适宜，遂依法提出抗诉，该抗诉意见得到六安市人民检察院的支持。

上诉人李某得知六安市裕安区人民检察院提出抗诉后，申请撤回上诉。六安市人民检察院经审查认为，李某在认罪认罚后又以原判量刑过重为由提出上诉，系对认罪认罚的反悔，即使在二审审理期间申请撤回上诉，也不应再认定其自愿认罪认罚并予以从宽处理，建议二审法院依法改判。2022 年 3 月 17 日，六安市中级人民法院作出二审判决，撤销一审判决中对李某的量刑部分，判处有期徒刑 1 年 6 个月，并处罚金 1 万元。

■ 主要问题

被告人认罪认罚后上诉，在得知检察机关提出抗诉后，在二审审理期间又主

动申请撤回上诉，检察机关是否应当撤回抗诉，认定其认罪认罚？

■ 意见分析

□ 意见分歧

第一种意见认为，被告人在得知检察机关提出抗诉后主动撤回上诉，表明其最终愿意接受检察机关的量刑建议，可以认定其认罪认罚。检察机关提起抗诉的目的已实现，可以撤回抗诉。

第二种意见认为，被告人在得知检察机关提出抗诉后又撤回上诉，是其权衡利弊之后，试图挽回检察机关抗诉的不利后果，不能说明其真诚地认罪悔罪。一审判决从轻量刑的基础已不存在，检察机关应该抗诉，在刑期上建议增加原减让部分。

□ 意见评析

笔者同意第二种意见，理由如下。

第一，被告人认罪认罚后上诉，从宽量刑的事实基础已经发生变化。认罪认罚从宽是指被告人自愿如实供述自己的罪行，承认指控的犯罪事实，愿意接受处罚的，可以依法从宽处理。由此可见，认罪认罚从宽的基础是被告人真诚地认罪悔罪。本案一审法院之所以采纳检察机关的从宽量刑建议作出判决，也正是基于被告人在审查起诉以及庭审过程中均表示自愿认罪认罚。本案被告人在自愿认罪认罚获得从宽处理后，在无新事实和理由的情况下，仅以量刑过重为由提出上诉，不再愿意接受一审法院根据其认罪认罚作出的处罚，表明其不真诚悔过，原审判决从宽处罚基础已不存在，致使原根据认罪认罚从宽量刑建议作出的判决明显不当，检察机关据此提出抗诉具有合理性。

第二，被告人在二审审理过程中得知检察机关抗诉后，撤回上诉并不是承认其认罪认罚。在实践中，有观点认为，只要被告人撤回上诉，就表示其依然认罪认罚，检察机关应当撤回抗诉。笔者认为，是否应当抗诉要根据是否已经启动二审程序来具体分析。如果在上诉期满前，被告人上诉后又主动撤诉，没有启动二审程序，此时，检察机关没有必要进行抗诉。就本案而言，被告人李某在检察机关提出抗诉后才撤诉，二审程序已经启动，诉讼成本已然增加，且被告人有投机心理，因担心抗诉刑罚加重而撤诉，表明其认罪认罚不真实不真诚，不再符合认罪认罚从宽制度的适用条件。

第三，从认罪认罚从宽制度设立初衷分析检察机关抗诉的合理性。认罪认罚从宽制度的初衷是依法及时有效惩罚犯罪,加强人权保障,优化司法资源配置,推进繁简分流,促进社会和谐,推进国家治理体系和治理能力现代化。被告人认罪认罚,一般不会提起二审程序。如果确有新事实新理由也可以上诉,但如果仅以"认罚"的刑罚过重,违背诚信,利用"上诉不加刑"原则,进行"技术性上诉"谋求刑罚利益,势必影响认罪认罚从宽制度的根基,增加司法成本,也容易导致司法不公。因此,检察抗诉监督惩戒具有投机目的的上诉行为,有效抑制"破窗"效应,有利于维护认罪认罚从宽制度适用的严肃性和刚性,节约司法资源,促进司法公正。

(供稿:六安市裕安区人民检察院　晁　杰)

12. 高某利用影响力受贿案
——利用影响力受贿中关系密切的人的认定

■ 基本案情

2008 年 6 月至 2009 年 3 月，安徽某集团股份有限公司（国有企业，以下简称安徽某集团）原董事长张某某与江苏某投资集团有限公司（民营企业，以下简称江苏某投资集团）实际控制人杨某（另案处理）共同出资成立安徽某集团北京房地产投资有限公司（其中安徽某集团占股 51%，江苏某投资集团占股 49%），在江苏省连云港市合作开发楼盘项目。其间，安徽某集团要求江苏某投资集团按出资比例进行融资，江苏某投资集团因缺乏资金，不能按比例同步融资到位。安徽某集团要求江苏某投资集团降低持股比例，江苏某投资集团不同意。后安徽某集团要求江苏某投资集团全部退股，江苏某投资集团仍不同意。江苏某投资集团实际控制人杨某找到张某某协商，要求安徽某集团撤股被拒。为了让安徽某集团撤股，杨某找到与时任安徽某集团董事长张某某关系密切的本案被告人高某帮忙，承诺事成之后给高某 400 万元的好处费。经高某劝说，张某某在未经安徽某集团股东会、董事会决议的情况下擅自同意安徽某集团撤股。为表示感谢，杨某先后三次向高某转账或支付现金共计 400 万元。高某将 400 万元用于归还个人借款及消费。案发后，高某已退赃 400 万元。

2021 年 9 月 2 日，合肥市某区人民法院以利用影响力受贿罪判处被告人高某有期徒刑 4 年 10 个月，并处罚金 130 万元，没收违法所得 400 万元上缴国库。

■ 主要问题

对利用影响力受贿罪中“其他与该国家工作人员关系密切的人”的范围应如

何认定?

■ 意见分析

□ 意见分歧

目前,司法解释规定“特定关系人”是指与国家工作人员有近亲属、情妇(夫)以及其他共同利益关系的人,没有规定“其他与该国家工作人员关系密切的人”的范围。本案中,高某与张某某系同乡关系,是否属于“关系密切的人”有争议。

第一种意见认为,高某不构成利用影响力受贿罪。该罪犯罪主体是特殊主体,高某与安徽某集团原董事长(属于国家工作人员)张某某系同乡关系,高某不是与国家工作人员关系密切的人。杨某因公司纠纷找张某某商议被拒绝,找到高某帮忙。经高某劝说,张某某违反规定,擅自同意撤股。高某的劝说行为对张某某的撤股决定的作用有限,高某的行为具有可替代性。本案中,高某不属于其他关系密切的人,其在张某某不知情的情况下,收取杨某好处费的行为不构成利用影响力受贿罪。

第二种意见认为,高某构成利用影响力受贿罪。高某与张某某系同乡关系,长期围绕在张某某周围,为张某某亲信。高某曾多次向张某某行贿,借款给张某某妻子 140 万元用于购买商铺,且该借款长期未还。可见,高某与张某某利益关系已经达到非常密切的程度,对张某某的决策有一定的影响力,足以促使张某某违反规定撤股。综上,高某通过张某某的职务行为,为请托人杨某谋取不正当利益,收取 400 万元好处费,高某的行为构成利用影响力受贿罪。

□ 意见评析

笔者同意第二种意见。

利用影响力受贿案件认定的关键是准确认定犯罪主体、案件事实、不正当利益。既要进行现象分析,更要重视实质性判断,注意厘清与国家工作人员关系密切的人的内涵与外延。

第一,从关系形成时间、稳定性、利益关联特征等方面准确认定“关系密切的人”。哪些人属于利用影响力受贿罪特殊主体,即“关系密切的人”,法律没有界定其内涵和外延。“关系”属于价值判断和主观认定范畴,类似概念有最高人民法院、最高人民检察院《关于办理受贿刑事案件适用法律若干问题的意见》(法发〔2007〕22 号)中的“特定关系人”。该意见规定“特定关系人”为“与国家工作人员有近亲属、情妇(夫)以及其他共同利益关系的人”。利用影响力受贿罪是 2009

年《刑法修正案（七）》增设的，刑法条文中并未引用已有的“特定关系人”表述，而是表述为“关系密切的人”，两者内涵不完全相同。

“特定关系人”包括近亲属、情妇（夫）以及其他共同利益关系的人。所谓“其他共同利益关系的人”，主要是指经济利益关系和人身荣辱与共关系。[①] 纯粹的同学、同事、同乡关系，没有共同经济利益关系，不属于共同利益关系。“关系密切的人”主要包括近亲属及其他关系密切的人。“关系密切的人”可以是血亲关系、姻亲关系，也可以是同学关系、同事关系、朋友恋人关系，或是因地缘形成的同乡关系，因经济活动形成的利益关系等。因此，笔者认为，“关系密切的人”范围大于“特定关系人”。高某通过多次向张某某行贿，获得张某某的信任，两人基于同乡间的利益输送而形成较为密切的关系，应当认定为刑法意义上的“关系密切的人”。

第二，梳理利益关系网，锁定“关系密切的人”谋取不正当利益的关系节点。利用影响力受贿案中，要求行为人为行贿人谋取不正当利益。本案中，高某明知杨某与张某某之间有公司股权纠纷，张某某处在优势地位，具有决定权。如果说服张某某撤股，势必造成国有公司巨大经济损失，而杨某所在的民营公司获得巨额利润。高某基于杨某承诺400万元的好处费，利用其与张某某的利益关系形成影响力，劝说张某某违反规定擅自同意撤股，损害国有资产，使杨某所在的公司获得巨额不正当利益。

综上，高某受贿行为已构成利用影响力受贿罪。

（供稿：合肥市瑶海区人民检察院　杨雪芳）

① 参见张少林、唐玺：《“关系密切的人”如何认定》，载《检察日报》2010年6月9日，第3版。

13. 陶某某故意伤害案

——多因一果引发特异体质被害人死亡的行为如何定性

■ 基本案情

2020年4月13日21时许，被害人陈某某与被告人陶某某驾车至巢湖市滨湖大道巢湖大桥涵洞西侧，两人因债务纠纷发生争吵。陶某某明知陈某某患有心脏病，已做心脏搭桥手术，仍在两人争吵过程中和陈某某相互掐脖子并拉扯数分钟。后陈某某大喘气，身体不适，便将陶某某松开。当日21时22分26秒，陶某某报警称双方发生纠纷。其后，陶某某在明知陈某某身体不适的情况下，再次与陈某某发生口角及肢体冲突，双方互掐脖子后各自松开，陈某某走向车辆驾驶室时倒地。当日21时27分52秒，陶某某再次拨打电话报警，同时请求120出诊，后陶某某留在现场等待民警调查。120医护人员现场检查确认被害人陈某某已无生命体征。经司法鉴定，陈某某系冠状动脉粥样硬化性心脏病急性发作致心源性猝死，外伤及情绪系诱因。被告人陶某某到案后，如实供述了案件的主要事实。

巢湖市公安局以被告人陶某某涉嫌犯过失致人死亡罪，将案件移送检察院审查起诉。巢湖市人民检察院以涉嫌犯故意伤害罪对陶某某提起公诉。巢湖市人民法院一审以过失致人死亡罪判处陶某某有期徒刑2年。

巢湖市人民检察院认为，一审判决，适用法律错误，量刑明显不当，对本案提出抗诉。被告人陶某某提出上诉。合肥市人民检察院支持抗诉。2021年12月1日，合肥市中级人民法院二审以故意伤害罪判处被告人陶某某有期徒刑5年。

■ 主要问题

多因一果引发特异体质被害人死亡的行为如何定性？

■ 意见分析

□ 意见分歧

第一种意见认为，被害人陈某某自身患心脏类疾病，系特异体质，陶某某没有预见被害人陈某某特异体质可能导致死亡危害结果，本案被害人陈某某死亡系意外事件，陶某某行为不构成犯罪，不应当负刑事责任。

第二种意见认为，陶某某作为具有相当社会经验的成年人，应当预见其与被害人陈某某的互相殴打行为可能对特异体质被害人的身体造成损害。陶某某没有预见损害结果，主观上存在疏忽大意过失，应当对被害人死亡结果承担刑事责任，构成过失致人死亡罪。

第三种意见认为，陶某某构成故意伤害罪。陶某某实施的故意伤害行为，导致了被害人陈某某的死亡结果。虽然陈某某具有特异体质，但陶某某的故意伤害行为系诱发陈某某心脏骤停进而死亡的必要条件，该行为也是造成死亡结果的必要条件，两者具有刑法上的因果关系。

□ 意见评析

笔者同意第三种意见。

笔者认为，对致特异体质被害人死亡行为的定性，应考虑两个方面：一方面是在主观上，行为人对被害人的特异体质是否具有认识，如行为人与被害人是否相识、是否知晓对方体质特异、危害后果预见可能性等，多方面甄别本案是属于意外事件还是属于犯罪行为；另一方面是客观行为特征，根据行为人是否使用工具、行为打击部位等具体行为表现，区分是一般意义上的推搡还是暴力伤害行为，进而区分是过失致人死亡还是故意伤害。

笔者认为，陶某某的行为构成故意伤害罪，具体理由如下。

第一，结合行为人年龄、生活阅历，本案可以排除意外事件。意外事件是指行为在客观上虽然造成了损害结果，但不是出于故意或过失，是由不能预见的因素引起的。特征有三：一是行为客观上造成了损害结果；二是行为人主观上没有故意或过失；三是损害结果由不能预见的因素引起。本案中，被告人陶某某认识被害人，明知被害人体质特异。作为在部队服过役的具有一定急救知识的和具有相当社会经验的成年人，完全能够预见暴力行为对患有心脏疾病的被害人陈某某可能造成死亡等损害结果。

第二，综合陶某某的行为方式、击打部位，可以认定其有故意伤害行为。两人下车后,陈某某掐着陶某某的脖子,将其推倒在路边的绿化带上。陶某某反击,双方互掐脖子。陈某某开始不停地大喘气并松手,之后躺在旁边休息。陶某某报警。陈某某看到陶某某报警后很生气,上前扇了陶某某一巴掌。陶某某随之跳起来,抓住陈某某衣领,掐住脖子,挥拳打了被害人的脸部和颈部,两人互掐脖子,被害人随后挣脱。故陶某某具有掐脖子、挥拳打被害人的脸部和颈部的行为。

第三,综合在案证据,可以认定行为人主观上具有伤害的故意。案发前,陶某某明知被害人陈某某患有心脏病且刚做完心脏搭桥手术。在冲突过程中,陈某某因身体不适大喘气,躺在路边休息。在此情况下,陶某某仍对陈某某掐脖子,挥拳殴打其脸部、颈部,引发陈某某心脏病发作。其行为属于明知可能发生被害人发病死亡等危害结果,却放任危害结果的发生,具有故意伤害的间接故意。结合常理以及行为力度,故意伤害致死的结果超出了行为人的主观故意,认定其对死亡结果具有过失较为适宜,故本案中,陶某某的行为构成故意伤害罪与过失致人死亡罪竞合,可以认定其行为构成故意伤害罪。

第四,陶某某的伤害行为与被害人的死亡之间具有刑法上的因果关系。司法实践中,特异体质伤亡的刑事案件要求行为与伤害结果之间至少具有偶然性因果关系。如最高人民法院刑事指导案例第 389 号洪某某故意伤害案中,最高人民法院复核意见认为,被害人患有严重心脏疾病,洪某某的伤害行为是导致被害人心脏病发作的诱因之一,认为其殴打他人并致人死亡的行为构成故意伤害罪。本案中,被害人死亡的原因是冠状动脉粥样硬化性心脏病急性发作致心源性猝死,外伤和情绪是诱因,系多因一果。虽然陶某某的伤害行为不能单独致被害人重伤或死亡,但其对被害人有殴打行为和情绪刺激,结合被害人的特异体质,共同诱发了死亡危害结果。据此,被告人的行为和被害人的死亡结果具有刑法上的因果关系,可以将被害人死亡的责任部分归责于被告人的伤害行为。

（供稿:巢湖市人民检察院　杨　琼）

14. 郑某故意杀人案

——夫妻间挑动对方侵害自己再予以反击的行为如何定性

■ 基本案情

2018年6月15日，被告人郑某与被害人费某某登记结婚，双方均系再婚。2021年3月4日17时许，郑某、费某某到郑某同事家吃饭并大量饮酒，其间，费某某因郑某于同年2月14日向一女性发送520元、131.4元微信红包产生争执。20时30分许，郑某独自回到家中，将主卧床头柜内的单刃匕首藏在主卧床上的被子里。半小时后，郑某打电话让费某某回家听其解释。21时27分许，费某某到家，后与郑某因红包之事再次发生争执。争执中，费某某掌掴、推搡郑某，郑某便拿出事先藏好的匕首与费某某对峙。费某某见状夺刀，未成后便连续掌掴郑某面部，随后抢到匕首朝郑某头部挥砍三刀，后匕首掉落在地。在二人相互推搡中，郑某弯腰拿起匕首起身就朝费某某左胸部用力捅刺一刀，费某某随即倒在电视柜上不能动弹。郑某将匕首拔出后，再次朝费某某左胸部捅刺一刀，并连续掌掴费某某面部。21时59分，郑某主动报警，并在现场等待处理。

经鉴定，被害人费某某系被他人用易于挥动的锐器致心脏、肺脏破裂大失血死亡。被告人郑某左枕部及左耳廓单条创口，人体损伤程度属于轻伤二级。

2021年8月12日，马鞍山市人民检察院以被告人郑某涉嫌故意杀人罪提起公诉。法庭审理期间，郑某向被害人的女儿进行赔偿，并获得谅解。2021年11月25日，马鞍山市中级人民法院以故意杀人罪判处被告人郑某有期徒刑14年。一审判决后，郑某未上诉，判决已生效。

主要问题

事先准备工具，挑动对方侵害自己再予以反击的行为能否认定为正当防卫？

意见分析

意见分歧

第一种意见认为，郑某的行为系正当防卫中的特殊防卫。被害人费某某醉酒后回到家中与郑某发生争执，后对郑某实施的暴力行为从掌掴郑某到持匕首挥砍。该行为系持有致命性凶器，严重危及他人人身安全，属于正在进行的行凶行为。郑某对费某某的行凶行为进行防卫，虽造成被害人死亡，但没有明显超过必要的限度，构成特殊防卫。

第二种意见认为，郑某的行为系防卫过当。郑某遭受妻子费某某正在进行的不法侵害，郑某抢夺匕首后，捅刺费某某的第一刀可以评价系制止正在进行的不法侵害，但在费某某中刀后已经没有任何行动能力的情况下，郑某将匕首拔出后再次朝费某某的要害部位进行捅刺，已经明显超过必要的限度，并直接造成被害人死亡，构成防卫过当。

第三种意见认为，郑某的行为构成故意杀人罪。郑某事先准备工具，通过言语挑动费某某对其实施侵害，不具有防卫意图。在费某某伤害郑某之后，郑某持匕首两次捅刺费某某要害部位，为了泄愤又继续多次掌掴费某某，等到费某某彻底没有气息之后再报警。郑某事前准备作案工具、事中故意持刀捅刺妻子要害部位、事后不积极实施救助，其行为系故意杀人。

意见评析

笔者同意第三种意见。

第一，全面证据审查，分清是非曲直。根据《刑法》的规定，正当防卫的目的是使国家、公共利益、本人或者他人的人身、财产和其他权利免受正在进行的不法侵害。根据《关于依法适用正当防卫制度的指导意见》（以下简称《指导意见》）第三条的规定，认定是否构成正当防卫、是否防卫过当以及对防卫过当裁量刑罚时，要注重查明前因后果，分清是非曲直，确保案件处理于法有据、于理应当、于情相容。本案中，郑某具有杀人的动机和故意。费某某性格刚烈，在家庭生活中处于强势地位，家庭内部的频繁争吵让郑某不胜其烦，费某某与郑某家人的关系也很紧张。费某某得知郑某私下转账给其他女性后，多次与郑某发生争吵。案发当晚，费某某又在郑某同事面前不断逼问郑某向其他女性发送红包的原因。郑某回家后，事先将匕首藏于被子里，再打电话让费某某回家听其解释。

第二，立足具体案情，客观精准区分，郑某的行为不属于正当防卫。根据《刑法》的规定，正当防卫必须具有正当的防卫意图。对于故意以语言、行为等挑动对方侵害自己再予以反击的防卫挑拨，不应认定为防卫行为。本案中的郑某没有正当的防卫意图。案发当晚，费某某回家后没有听到称心的解释，就多次掌掴、推搡郑某。鉴于二人系夫妻关系且事出有因，费某某的前述行为不应认定为不法侵害。郑某随即从被子里拿出匕首，并在言语上挑动费某某继续对其进行殴打，后费某某夺刀挥砍郑某。郑某知晓费某某的性格，在得不到满意答案后，肯定会不依不饶。郑某在没有遭受不法侵害的紧迫情况下，故意刺激对方，意欲伤害费某某，属于事前的加害故意。

第三，把握具体案情，依法准确认定，郑某的行为属于故意杀人。根据《指导意见》第四条的规定，对于以防卫为名行不法侵害之实的违法犯罪行为，要坚决避免认定为正当防卫或者防卫过当。在防卫挑拨行为完全阻却正当防卫的情况下，应坚持主客观相一致，对案件进行准确认定。首先，被害人具有一定过错。在被郑某言语挑拨后，被害人费某某夺过匕首，挥砍郑某头部，造成郑某轻伤二级。此行为属于对郑某的不法侵害。其次，郑某积极追求对方死亡。郑某在匕首落地后，捡起匕首就狠狠地捅刺费某某左胸部一刀，在费某某没有任何反抗能力时，拔出匕首再次捅刺同一部位。最后，事后行为证实主观杀人故意。郑某先后两次捅刺费某某后，又连续掌掴费某某泄愤。随后，郑某在与其儿子的通话中表示“恨死费某某，早就应该杀死她”。

综上，郑某的行为构成故意杀人罪。

（供稿：马鞍山市人民检察院　於蔚明）

15. 汤某某、武某某保险诈骗案

——法律没有明确规定或原规定已废止，如何认定保险诈骗罪数额巨大、数额特别巨大

■ 基本案情

2015年9月29日，被告人汤某某酒后驾驶轿车撞到树发生交通事故。被告人武某某听说后赶到现场，应汤某某要求拨打报警电话及保险公司电话，并且武某某谎称是自己驾驶轿车。2016年1月21日，被告人汤某某向中国人民财产保险股份有限公司合肥分公司提出保险理赔28万元，该公司发觉事故可能存在顶包等多处疑点，将该案移交阜阳市颍上支公司处理。2016年9月7日，颍上支公司向颍上县公安局报案，颍上支公司至案发未予理赔。

2016年11月7日，颍上县人民检察院以涉嫌保险诈骗罪对汤某某、武某某提起公诉。颍上县人民法院经审理认为：汤某某、武某某以非法占有为目的，隐瞒事实真相，意图骗取保险金28万元，数额特别巨大，其行为构成保险诈骗罪，且系共同犯罪。武某某在共同犯罪中起次要、辅助作用，是从犯，应当从轻、减轻或者免除处罚。由于意志以外的原因未能获得保险赔偿，是犯罪未遂，可以比照既遂犯从轻或者减轻处罚，决定对两人减轻处罚。一审以汤某某犯保险诈骗罪，判处有期徒刑5年6个月，并处罚金3万元；武某某犯保险诈骗罪，判处有期徒刑5年，并处罚金2万元。汤某某、武某某不服，提出上诉。2017年5月12日，阜阳市中级人民法院审理认为，汤某某、武某某犯罪未遂，自愿认罪，积极缴纳罚金，武某某又系从犯，原判已充分考虑并对其减轻处罚，裁定驳回上诉，维持原判。

判决生效后，被告人汤某某亲属以原审判决、裁定适用法律错误为由向检察机关申诉。最高人民检察院审查认为，原审判决认定保险诈骗数额特别巨大存在

错误可能。2020 年 7 月 3 日，最高人民检察院指令安徽省人民检察院抗诉。安徽省人民检察院依法提出抗诉。2020 年 11 月 23 日，安徽省高级人民法院认为，根据当前社会经济发展水平，结合司法实践和本案事实，汤某某、武某某骗取保险金 28 万元（未遂）不宜认定数额特别巨大，可以认定数额巨大，抗诉理由成立，改判汤某某有期徒刑 4 年 6 个月，并处罚金 3 万元；改判武某某有期徒刑 4 年，并处罚金 2 万元。

主要问题

法律没有明确规定或原规定已废止，保险诈骗罪数额巨大、数额特别巨大应如何确定？

意见分析

□ 意见分歧

第一种意见认为，1996 年 12 月 16 日印发的最高人民法院《关于审理诈骗案件具体应用法律的若干问题的解释》（以下简称 1996 年诈骗罪解释）虽已废止，但 2014 年 12 月 31 日公布的安徽省高级人民法院、安徽省人民检察院、安徽省公安厅《关于办理合同诈骗等犯罪案件工作座谈会纪要》（以下简称安徽纪要）没有废止，仍然有效，该纪要后面《常见经济犯罪数额标准一览表》规定保险诈骗罪（个人）“数额较大”“数额巨大”“数额特别巨大”分别为 1 万元以上、5 万元以上、20 万元以上，并注明依据的是 2010 年最高人民检察院、公安部《关于公安机关管辖的刑事案件立案追诉标准的规定（二）》[①]第五十六条以及 2001 年 1 月 21 日最高人民法院《全国法院审理金融犯罪案件工作座谈会纪要》[②]。汤某某、武某某保险诈骗 28 万元，可以认定“数额特别巨大”。

第二种意见认为，保险诈骗数额巨大、数额特别巨大的认定标准缺乏明确规定，可以根据刑法的精神和经济社会发展现状，参照诈骗罪等同类型犯罪相关司法解释确定的“数额巨大”和“数额特别巨大”的数额标准，结合保险诈骗罪的特点进行综合考量适用，确保罪责刑相适应。安徽纪要中规定的诈骗罪“数额巨大”“数额特别巨大”分别为 5 万元以上、50 万元以上，即诈骗 50 万元以上为“数额特

---

① 该规定已于 2022 年修订。相关内容现规定于第五十一条：“进行保险诈骗活动，数额在五万元以上的，应予立案追诉。”

② 该纪要规定金融诈骗罪数额标准在没有新司法解释前，可参照 1996 年诈骗罪解释的规定执行。

别巨大”，故参照诈骗罪标准，汤某某、武某某保险诈骗28万元只能认定为“数额巨大”。

□ 意见评析

笔者同意第二种意见。

保险诈骗数额巨大、数额特别巨大的认定标准缺乏明确规定，可以参照诈骗罪的5万元以上、50万元以上执行。理由如下。

第一，司法解释已经废止，办案人员不能适用已废止的司法解释确立的标准追诉犯罪。1996年诈骗罪解释中规定“个人进行保险诈骗数额在5万元以上的，属于‘数额巨大’；个人进行保险诈骗数额在20万元以上的，属于‘数额特别巨大’”，但该解释已于2013年被废止。虽然安徽纪要没有废止，但该纪要对保险诈骗罪数额巨大、数额特别巨大的标准确定的依据是1996年诈骗罪解释，上位法规依据已经废止，下位细化规定的安徽纪要关于保险诈骗罪数额标准自然不能再适用。

第二，在旧司法解释已经废止，新司法解释对诈骗罪数额认定标准已作出调整的情况下，基于保险诈骗是诈骗罪的特殊规定，保险诈骗罪的犯罪数额认定标准原则上不应低于诈骗罪，否则罪责刑严重不相适应。就本案而言，汤某某、武某某保险诈骗28万元，根据1996年诈骗罪解释属于数额特别巨大，应处10年以上有期徒刑。2011年3月1日公布的最高人民法院、最高人民检察院《关于办理诈骗刑事案件具体应用法律若干问题的解释》（以下简称2011诈骗罪解释）对诈骗罪数额标准进行了调整，安徽省高级人民法院、安徽省人民检察院依据该解释对诈骗罪数额较大、数额巨大、数额特别巨大标准规定为：0.5万元以上、5万元以上、50万元以上。诈骗28万元只能认定数额巨大，应处3年以上10年以下有期徒刑。

第三，保险诈骗罪与诈骗罪为法条竞合关系，前者“数额巨大”“数额特别巨大”的标准可以参照后者的量刑标准，以保持罪责刑相适应。2010年5月7日印发的最高人民检察院、公安部《关于公安机关管辖的刑事案件立案追诉标准的规定（二）》①将个人进行保险诈骗的追诉标准规定为1万元以上，但是没有明确“数额巨大”“数额特别巨大”的标准。笔者认为，保险诈骗罪是从普通诈骗罪中派生出来的，保险诈骗罪的基本构成要件包含在普通诈骗罪中，因而与普通诈骗罪存

---

① 该规定已于2022年修订，现保险诈骗的追诉标准规定为5万元。

在法条竞合关系。在现行法律、司法解释等没有对保险诈骗罪“数额巨大”“数额特别巨大”的标准作出明确规定的情况下，根据刑法精神和有关司法解释体现的量刑原则，保险诈骗罪数额的认定标准应不低于诈骗罪的相关认定标准。因此，保险诈骗罪的“数额巨大”“数额特别巨大”参照诈骗罪的数额认定标准具有重要的指导意义。

第四，法院适用法律错误导致量刑明显不当，应当按照审判监督程序提出抗诉。原审判决、裁定适用已经废止的规定，认定汤某某、武某某保险诈骗28万元属于“数额特别巨大”，系适用法律确有错误，导致量刑明显不当，应当按照审判监督程序提出抗诉。安徽省高级人民法院经审判认为，根据当前社会经济发展水平，结合司法实践和本案事实，汤某某、武某某骗取保险金28万元（未遂）不宜认定数额特别巨大，可以认定数额巨大，抗诉理由成立，改判汤某某有期徒刑4年6个月，并处罚金3万元；改判武某某有期徒刑4年，并处罚金2万元。

（供稿：安徽省人民检察院　丁世龙）

16. 肖某某以危险方法危害公共安全抗诉案

——醉酒驾车发生重大交通事故构成交通肇事罪还是以危险方法危害公共安全罪

■ 基本案情

2018 年 8 月 10 日晚，肖某某驾驶小型轿车到合肥市高新区某餐馆与其朋友高某某等人一起吃饭，其间，肖某某大量饮用白酒。饭后肖某某与高某某等人又到 KTV 唱歌，一直到 8 月 11 日凌晨 1 时许。高某某安排车辆将肖某某送到其住处小区附近，肖某某下车后又搭乘出租车返回餐馆取车。凌晨 3 时 23 分左右，肖某某驾车沿北二环路由西向东行驶至北二环路与颍上路交叉路口，在遇交通信号灯是红灯的情况下仍通过路口。后肖某某驾车驶入蒙城北路由南向北超速行驶，车辆通过蒙城北路永青大桥北侧监控卡口时的车速为 96km/h－98km/h。3 时 26 分左右，肖某某驾车行驶至蒙城北路与电厂路交叉路口，在遇交通信号灯是红灯的情况下再次通过路口。凌晨 3 时 28 分左右，肖某某驾车超速行驶（78km/h－79km/h）至蒙城北路与天水路交叉路口北 50 米处附近时，撞上前方同向行驶的被害人王某甲（男，殁年 50 岁）与卢某某（女，殁年 50 岁）驾乘的手扶拖拉机及在手扶拖拉机前方清扫道路的被害人王某乙（女，殁年 56 岁）与熊某某（女，殁年 50 岁）、龙某某、孙某某，造成两车受损，王某甲、卢某某当场死亡，王某乙、熊某某经送医抢救无效死亡，龙某某、孙某某受伤。事故发生后，肖某某逃离现场，后又返回并让其前妻韩某某顶包。公安机关在现场将肖某某抓获归案。经鉴定，肖某某血液中乙醇含量为 154.6mg/100ml，属醉酒驾驶。交警部门认定肖某某承担此交通事故的全部责任。

2019 年 5 月 30 日，合肥市人民检察院以肖某某犯以危险方法危害公共安全罪向合肥市中级人民法院提起公诉。合肥市中级人民法院一审认为，肖某某对危害后果的发生有过失，其行为构成交通肇事罪，以肖某某犯交通肇事罪，判处有期徒刑 7 年。合肥市人民检察院认为，法院一审判决认定肖某某构成交通肇事罪属定性错误，依法提出抗诉。安徽省人民检察院支持抗诉。2020 年 9 月 27 日，安徽省高级人民法院裁定将本案发回重审。2021 年 8 月 11 日，合肥市中级人民法院重审改判肖某某犯以危险方法危害公共安全罪，判处死刑，缓期 2 年执行，剥夺政治权利终身。肖某某对判决不服，提出上诉。安徽省高级人民法院裁定驳回上诉，维持原判。

■ 主要问题

在城市主干道上醉酒驾驶，严重超速造成重大交通事故，构成交通肇事罪还是以危险方法危害公共安全罪？

■ 意见分析

□ 意见分歧

第一种意见认为，肖某某构成交通肇事罪。肖某某在醉酒状态下驾驶机动车造成重大交通事故，但事发深夜，路上不会有太多车辆及行人，其没有危害公共安全的故意。肖某某对事故发生是过于自信的过失，故构成交通肇事罪。

第二种意见认为，肖某某构成以危险方法危害公共安全罪。肖某某醉酒后在城市主干道驾驶机动车，虽然是深夜，但城市主干道上仍然会有车辆及作业人员。肖某某酒后驾车违反交通信号灯指示行驶并严重超速，置不特定多数人的生命、健康和重大公私财产安全于不顾，其对危害后果的发生持放任心态，客观上已对公共安全造成了严重危害，其行为构成以危险方法危害公共安全罪。

□ 意见评析

笔者同意第二种意见。

辨析醉酒驾车发生交通事故的行为构成交通肇事罪还是以危险方法危害公共安全罪，要点在于通过分析被告人事前、事中、事后的客观行为表现，判断被告人对危害后果发生的主观心态是过失还是故意，以及其行为危害性是否已超越一般交通肇事的范畴，达到了严重危害公共安全的程度。

其一，根据被告人客观行为表现推定其主观心态。在醉酒驾车发生交通事故的场合下，其构成交通肇事罪还是以危险方法危害公共安全罪在主观心态上的辨析要点是被告人对危害后果的发生是过于自信的过失还是间接故意。刑法通说理论认为,过于自信的过失和间接故意在认识因素上有相似之处,二者都认识到危害后果有发生的可能性,如醉酒驾车的人均能意识到醉酒驾驶会导致自身对车辆控制能力的下降,从而可能引发交通事故。但是,二者在意志因素上又有明显的区别。过于自信的过失并不希望危害后果发生,反映了被告人对合法权益的消极不保护;间接故意则是放任危害后果发生,反映了被告人对合法权益的积极蔑视。

在司法实践中,应当通过在案证据中被告人的客观行为表现,全面分析其主观上对于危害后果的发生是积极地放任还是消极地希望避免。在醉酒驾车发生交通事故的场合下,主要应当考察被告人在事故发生前是否认识到醉酒驾车可能导致的严重后果,事故发生时是否具备正常的认知状态和驾驶能力以及有无试图采取实质的避免措施,事故发生后有无震惊、悔恨和积极救助被害人的行为表现以及有无继续冲撞或二次违章的行为。

本案中,肖某某当晚与朋友聚餐时大量饮用白酒,同行人员均提醒其酒后不要开车,并专门安排车辆将其送回住处。但在到达住处后,肖某某又搭载出租车返回就餐地点取车。肖某某此时明知自己醉酒,仍然执意驾车上路。在行驶至事发地前,肖某某多次违章,驾车轨迹显示其已完全丧失正常驾驶能力。在事故发生后,肖某某未报警或抢救伤员,反而逃离现场,并试图找人顶罪。综上所述,肖某某对本案危害后果的发生持放任心态,其主观上具有危害公共安全的间接故意。

其二,需要判断被告人的行为是否严重危害公共安全。虽然在我国《刑法》中,交通肇事罪和以危险方法危害公共安全罪同被归入分则第二章“危害公共安全罪”中,但无论从条文解读还是罪刑相适应的角度来看,以危险方法危害公共安全罪的行为对公共安全的危害程度要远高于交通肇事罪。在《刑法》第一百一十五条中,以危险方法危害公共安全罪与放火罪、决水罪、爆炸罪、投放危险物质罪作为选择性罪名一并列出,这意味着醉酒驾车构成以危险方法危害公共安全罪的行为在对公共安全的危害性上必须与放火、决水、爆炸、投放危险物质相当,即要求达到危害不特定多数人的生命、健康或重大公私财产安全的程度,因此,其法定刑为 10 年以上有期徒刑、无期徒刑或者死刑,属于典型的重罪。而交通肇事罪并不要求行为对公共安全造成重大危害,即使逃逸致人死亡,其法定刑仅为 7 年以上有期徒刑,与以危险方法危害公共安全罪形成了鲜明对比。

在司法实践中,应当结合案件的具体情况判断被告人行为的危害性是否达到严重危害公共安全的程度。在醉酒驾车发生交通事故的情况下,应当分析被告人行为的时间、地点、方式、环境、后果等因素,考察其是否具有在高速道路或人流、车流密集区有严重超速、重度醉酒、闯红灯、吸毒后驾驶等情形,综合判断其行为是否具有高度的危险性。

其三,需要判断被告人的行为是否针对“不特定多数人”。刑法理论通说一般认为,危害公共安全罪中的“危害公共安全”是指危害“不特定多数人”的生命、健康或者重大公私财产安全。据此,危害公共安全不仅是指对多数人的生命、健康或者重大公私财产造成损害,而且要求这种损害所针对的对象是不特定的,这也是危害公共安全犯罪和侵犯公民人身权利犯罪、侵犯财产犯罪的主要区别之一。然而,要对此作出准确的区分,必须对“不特定多数人”的含义有一个准确的理解。“不特定多数人”是指不特定并且多数的人,它排斥“特定的多数人”“特定的少数人”“不特定的少数人”等情形。“不特定”是一种客观的判断,它包含两个方面的内容:一是犯罪对象的不确定性,二是危害后果的不确定性。

在司法实践中,被认定为危害公共安全罪的通常有两种情形:一种情形是行为针对的对象是不特定的,并且行为人事先没预料到危害后果,危害后果也是不特定的;另一种情形是行为针对的对象是特定的,但实际造成的后果却是行为人没有预料也不能控制的。从危害公共安全罪的这两种情形分析,“不特定多数人”中的“不特定”,是相对于其他犯罪对象的“特定”而言的,而“多数”则是相对于其他犯罪只能危害到个别少数对象而言的。侵害不特定多数人,并不是说行为人没有特定的侵犯对象或者目标。实施危害公共安全行为的人,有些在主观上有要侵犯的特定对象,同时会对损害的可能范围有一定预判,虽然其在某一特定阶段可能指向特定的目标,但行为最终造成或者可能造成的危害后果是行为人难以控制的,从而危害到之前特定人之外的其他人的人身或者财产安全。

本案中,事故发生在城市主干道。即使在深夜,城市主干道仍然会有其他机动车辆以及路面作业人员。肖某某醉酒驾驶机动车,多次违反交通信号灯指示且严重超速行驶,是对社会公共安全的一种漠视。其危害的对象是不特定的,发生的危害后果也是不特定的,符合危害公共安全罪的行为特征。

(供稿:合肥市人民检察院 郭运东)

17. 陈某某等人贩卖毒品、洗钱案

——准确把握新型毒品的数量认定标准和运用关联证据推定行为人的主观明知

■ 基本案情

2021 年 7 月至 8 月，陈某某为牟取非法利益，将含有毒品合成大麻素的电子烟油（俗称“上头电子烟”）与普通电子烟油勾兑后分装，以每瓶 220 元－250 元不等的价格贩卖给赵某某、齐某某等人，并通过互联网平台的跑腿服务或快递寄送的方式送达购毒人员。赵某某、齐某某等人再将电子烟油加价贩卖给吸毒人员，赚取高额差价。陈某某、赵某某为掩饰、隐瞒贩卖毒品所得的来源和性质，通过他人的微信资金账户和支付宝资金账户收取毒资，并要求上述人员通过微信或支付宝转账功能转移毒品资金。陈某某共计贩卖合成大麻素电子烟油 78 次，烟油含量 211.8 毫升；赵某某共计贩卖合成大麻素电子烟油 58 次，烟油含量 125 毫升。2021 年 8 月 25 日，公安机关在陈某某住处将其抓获，并现场查获电子烟油 19.2 毫升（净重 20.4430 克）、空电子烟油瓶、电子烟杆烟仓等物品。经鉴定，查获的电子烟油、空电子烟油瓶、电子烟杆烟仓等物品均检出合成大麻素类毒品。

2022 年 2 月 25 日，芜湖市鸠江区人民检察院以陈某某、赵某某等人犯贩卖毒品罪、洗钱罪向法院提起公诉。2022 年 3 月 31 日，芜湖市鸠江区人民法院以贩卖毒品罪、洗钱罪判处陈某某有期徒刑 17 年，并处没收财产人民币 8 万元，罚金人民币 6 万元，其余被告人均被判处刑罚。一审判决后，陈某某等人上诉，芜湖市中级人民法院于 2022 年 8 月裁定驳回上诉，维持原判。

■ 主要问题

新型毒品的数量如何认定？对于新列管的新型毒品，涉案人员以不明知为由进行辩解,如何认定其主观明知?

■ 意见分析

□ 意见分歧

在司法实践中,除大麻、海洛因、冰毒、鸦片等常规毒品外,合成大麻素等新型毒品不断出现,花样不断翻新,这些新型毒品的成瘾性、危害性与传统毒品无异。新型毒品定罪量刑的数量认定标准不一,不仅在理论界争议颇大,在司法实务中也莫衷一是。

第一种意见认为,新型毒品应当进行含量鉴定,并将毒品净含量作为认定毒品数量的依据。理由是对于可能判处死刑的、不能排除有掺假可能的或者交易价明显低于同类毒品价格的,应当审慎处理,原则上应当进行定性和定量鉴定。本案被告人陈某某在贩卖毒品时进行勾兑,毒品已被稀释,毒品纯度会降低,对新型毒品应当保持审慎的态度,应以纯度作为量刑的依据。

第二种意见认为,应当准确把握新型毒品的特性,以查证属实的毒品数量认定,将毒品纯度作为量刑的酌定情节考虑。陈某某从上家购入制作好的合成大麻素烟油,勾兑分包后出售,目的是获得更大的经济利益,其每次售卖的量为1.6毫升-1.8毫升,量少次数多,与在几百毫升饮料中添加极少量的γ-羟基丁酸等毒品在危害性和成瘾性上具有本质上的区别,无须进行毒品含量鉴定,不应按照纯度折算。

□ 意见评析

笔者同意第二种意见。

办理新型毒品案件,应综合考虑新型毒品的致瘾癖性、通常形态、毒品含量等因素衡量其社会危害性,确定数量认定方法。

1. 准确把握新型毒品特性,依法认定毒品数量。

第一,毒品犯罪的数量认定,应严守法律底线。依据《刑法》第三百五十七条第二款的规定,“毒品的数量以查证属实的走私、贩卖、运输、制造、非法持有毒品的数量计算,不以纯度折算”。2015年《全国法院毒品犯罪审判工作座谈会纪要》(以下简称《武汉会议纪要》)再次强调,“办理毒品犯罪案件,无论毒品纯度高低,一般均应将查证属实的毒品数量认定为毒品犯罪的数量,并据此确定适用的法定刑幅度”,确定了毒品犯罪量刑以查证属实的毒品数量为基本原则。现今,层出不穷的新型毒品主要为精神活性类物质,此类物质与海洛因、鸦片等常规毒品在成瘾性、危害性上并无本质差异,不应区别对待。合成大麻素折算表中规定了七类合成大麻素类物质,根据化学成分不同,分别折算成0.2克至5克海洛因(合成大麻素以克为单位)不等,有较大的瘾癖性和危害性。合成大麻素可以溶于普通电子烟油进行贩卖和携带,具有隐蔽性和传播性。陈某某对毒品勾兑掺假致使毒品被稀释,主观上并非想让他人减少对毒品的使用和依赖,而是为了将毒品贩卖给更多的人,牟取更多的不法利益。客观上,陈某某编织的囊括多层级上下游的毒品犯罪网络,造成了新型毒品短时间在市场上广泛传播,还有部分未成年人出于好奇参与吸食毒品。据此可见,陈某某的主观恶性、行为的危害后果与贩卖传统毒品相当。对于合成大麻素数量认定应坚守以查实的毒品数量为量刑依据的法律底线,确保定罪量刑不枉不纵。

第二,新型毒品犯罪量刑时,可将纯度作为调整刑期的酌定情节考虑。《武汉会议纪要》规定:"涉案毒品纯度明显低于同类毒品的正常纯度的,量刑时可以酌情考虑。"针对毒品纯度明显低于正常纯度的判断,《〈全国法院毒品犯罪审判工作座谈会纪要〉的理解与适用》[①]解读指出,海洛因的正常纯度为5% -60%,甲基苯丙胺的正常纯度为50% -99%,氯胺酮的正常纯度为60% -99%,明显低于上述纯度范围最低值的,量刑时可以酌情考虑。但合成大麻素类物质目前尚无纯度范围取值,认定明显低于同类毒品的正常纯度存在一定困难。本案查扣的烟仓和空电子烟油瓶内残留物鉴定出合成大麻素类物质主要有两类,根据折算标准分别对应0.2克的海洛因和0.5克的海洛因。查获的19.2毫升合成大麻素电子烟油鉴定出的成分,根据折算标准对应0.5克的海洛因,该折算标准仅是针对新型毒品与传统毒品的折算,不能当然推导出新型毒品的毒品含量低。同时,本案毒品不属于毒品含量参差不齐、成分复杂,亦无纯度鉴定之必要。因此,根据毒品数量确定法定刑幅度后,在量刑时应酌情考虑毒品纯度,做到罚当其罪。本案在计算量刑时,对陈某某已贩卖的毒品就低以折算后的0.2克的海洛因来认定,考虑其已将毒品进行稀释,毒品含量有所降低,可将其作为酌定量刑情节,对具体刑期进行调整。

第三,个别情况下,应当充分考量毒品的纯度。根据《武汉会议纪要》的精神,结合司法实践,主要有两种情形:一是企业生产的麻醉药品或者精神药品被用于毒品犯罪的,按照药物的有效成分含量认定毒品的数量;二是为掩护运输将毒品

---

① 高贵君、马岩、方文军、李静然:《〈全国法院毒品犯罪审判工作座谈会纪要〉的理解与适用》,载《人民司法·应用》2015年第13期。

临时溶于液体,可以将溶液蒸馏后得到的纯度较高的毒品数量作为量刑的依据。

2. 运用关联证据体系化审查方法,准确认定新型毒品犯罪的“主观明知”。

合成大麻素类物质在被列为管制毒品前,作为精神类物质,吸食和买卖均不是违法犯罪行为,但被列为管制毒品后,则涉嫌违法犯罪。犯罪嫌疑人往往辩解称不知合成大麻素是毒品。为准确认定各被告人的主观明知问题,应当重点围绕各被告人的社会背景、吸食毒品经历、售卖毒品价格变化、购买或贩卖毒品的时间等方面深入审查分析。

第一,结合被告人的个人经历来判断。陈某某贩卖毒品前,曾因非法经营一氧化二氮(俗称“笑气”)被取保候审,虽然一氧化二氮未被列入管制毒品,但其在人体内产生的效果与毒品一致。陈某某系吸毒人员,其吸食一氧化二氮和合成大麻素,对吸食此类物质的后果有切身感受,在主观上应当知道吸食的物质属于易上瘾、致幻的物质。

第二,审查客观性证据。经对陈某某等人的贩卖合成大麻素的交易流水进行梳理,发现自合成大麻素被列为管制毒品后,陈某某拿货价格大幅攀升,贩卖的价格从一支(1.8 毫升)150 元上涨至 220 元以上。从生活常识来看,价格出现如此大的波动,表明其应当知道正是国家将合成大麻素列为毒品,导致货源紧缺。

第三,交易方式隐蔽。从毒品交易的方式上来看,陈某某、赵某某等人通过网络寻找吸毒人员,与吸毒人员通过微信、支付宝等进行毒资交易,通过互联网平台的跑腿服务等方式寄送给吸毒人员,实现人货分离、人钱分离,规避打击意识明显,陈某某等人交易毒品的时间多为深夜,毒品使用深色塑料袋包装,隐蔽性极强。

第四,毒资的收取和转移明显异常。陈某某、赵某某等人通过他人微信或支付宝资金账户收款、转款,交易后要求相关人员删除微信等的聊天和转账记录,如不查上述资金账户绑定的银行卡,从支付宝资金账户无法看出资金走向。

经对上述证据关联性进行审查,足以认定陈某某、赵某某等人主观明知合成大麻素属于新型毒品。

（供稿:芜湖市鸠江区人民检察院　王德生）

18. 程某盗窃、抢劫，邹某某盗窃案

——在盗窃后逃跑的过程中，误以为被第三人发现而使用暴力造成第三人重伤的行为，如何定性

■ 基本案情

程某、邹某某均系盗窃惯犯。2020 年 4 月 17 日凌晨，程某、邹某某在临泉县老集镇关庄行政村刘某某家中实施盗窃，因刘某某惊醒，程某将刘某某家中的一把钉耙盗走，二人分别逃离。程某在逃跑途中，行至同村李某某家门口，被起夜的李某某发现，李某某上前询问，程某用手中的工具将李某某打成重伤二级。2020 年 11 月 16 日，临泉县人民检察院指控程某涉嫌盗窃（多起）罪、抢劫罪，邹某某涉嫌盗窃罪。程某及其辩护人认为其构成故意伤害罪，不构成抢劫罪。

2020 年 12 月 28 日，临泉县人民法院一审判决程某犯抢劫罪、盗窃罪，邹某某犯盗窃罪。程某以量刑过重为由提起上诉。阜阳市中级人民法院裁定驳回上诉，维持原判。

■ 主要问题

在盗窃后逃跑的过程中，误以为被第三人发现而使用暴力造成第三人重伤的行为，如何定性？

■ 意见分析

□ 意见分歧

第一种意见认为，构成故意伤害。一方面，李某某并不知道程某实施盗窃行

为,没有对程某实施抓捕行为,不能证明程某是为了抗拒抓捕而实施伤害李某某行为。另一方面,程某盗窃行为已经实施完毕,在逃离过程中对第三人使用暴力,不属于当场使用暴力,不能认定为转化型抢劫。

第二种意见认为,构成转化型抢劫。误认为被第三人发现属于事实认识错误,不影响转化型抢劫的认定。程某施暴地点与其盗窃地点距离较近,盗窃行为与施暴行为时间上具有连贯性,空间上具有整体性,符合刑法规定的“当场”范围。程某主观上是为了抗拒抓捕,客观上当场使用暴力致人重伤,符合转化型抢劫的主客观要件。

□ 意见评析

笔者同意第二种意见。

根据《刑法》第二百六十九条的规定,犯盗窃、诈骗、抢夺罪,为窝藏赃物、抗拒抓捕或者毁灭罪证而当场使用暴力或者以暴力相威胁的,依照《刑法》第二百六十三条关于抢劫罪的规定定罪处罚。该规定属于法律拟制,理论上称为事后型抢劫或转化型抢劫,是抢劫罪的特殊构成形式。本案中,程某的行为构成转化型抢劫,理由如下。

1. 程某具有盗窃先行行为。本案中,程某、邹某某通过犯意联络、事先踩点,于深夜到刘某某家中实施盗窃。因刘某某惊醒,二人仅盗得一把钉耙后逃离。此时,盗窃行为已经完成。根据生活常识判断,该盗得物价值明显达不到“数额较大”的入罪标准,因属于入户盗窃,仍然构成盗窃罪。程某、邹某某二人系盗窃犯罪共犯。

2. 程某以抗拒抓捕为目的。抗拒抓捕,是指抵抗、拒绝司法人员的拘留、逮捕和一般公民的扭送等类似行为。① 一般公民可以是被害人(抓捕人),也可以是与被害人熟识或无关的其他任何人。抗拒抓捕的原因是存在盗窃、诈骗、抢夺的违法行为,抗拒抓捕的目的是逃脱法律惩罚,违法行为是否最终认定为犯罪或判处刑罚均不受影响。最高人民法院《关于审理抢劫、抢夺刑事案件适用法律若干问题的意见》第五条表达了同样的观点。认定行为人是否具有抗拒抓捕的目的,需要从伤害行为与先行违法行为的关联性来考察,具体要考察周围环境、被害人出现的时机、行为人行为表现方式等。本案中,程某夜间盗窃被发觉后,在逃跑途中

---

① 参见张明楷:《刑法学》(第6版),法律出版社2021年版,第1284页。

遇到住在附近的李某某，李某某觉察异常并上前询问。李某某的询问及靠近行为使程某产生强烈的压迫感，遂主动出击对李某某实施伤害行为。究其心理本质，是误以为被盗者邻居发现其盗窃行为而实施的抗拒抓捕行为，且打击力度足以致被害人无力反抗。在被害人呼叫家人后，程某立即逃窜，可以证实其抗拒抓捕的意图。

3. 程某当场使用暴力。“当场”既不只是一个表示时间的概念，也不只是一个表示空间的概念，而是综合表示时间与空间的概念。[①] 具体到转化型抢劫中，强调暴力行为与先行违法行为具有时间和空间上的紧密性。该“当场”没有明确的时间和距离计量标准，需要综合考虑时间间隔、距离远近、是否处于被人追赶抓捕过程中、暴力行为与先行行为的关联程度等加以判断。本案中，程某施暴的时间点为盗窃后逃跑途中。程某施暴地点与盗窃地点距离较近，足以能够被失窃人、邻居等人追赶抓获，其盗窃行为与施暴行为时间上具有连贯性，空间上具有整体性，符合刑法规定的“当场”范围。

关于暴力，是指行为人利用自身身体或者使用工具有形力作用于他人，达到足以压制他人反抗的程度，具有造成他人身体伤害或死亡的可能。“足以压制反抗”应当采取“一般人承受标准”，即会导致一般人在当时的情况下不能反抗。《刑法》第二百六十九条并没有对暴力作用的对象作出明确限定，只要客观上是妨碍行为人非法目的的实现，就可以成为转化型抢劫中的暴力作用的对象。[②] 本案中，程某误认为李某某意欲对其实施抓捕，为逃脱抓捕，手持钉耙多次击打李某某左侧肩部、肋部、腰部等要害部位，造成李某某左侧脾脏破裂、左侧肋骨骨折，达到重伤二级程度，其暴力程度显而易见。

4. 被害人主观意识不影响案件定性。就《刑法》第二百六十九条立法本意而言，“窝藏赃物、抗拒抓捕或者毁灭罪证”是转化型抢劫罪的主观条件，而不是客观条件，即只要行为人“当场使用暴力或者以暴力相威胁的”目的是“为窝藏赃物、抗拒抓捕或者毁灭罪证”，而不问其是否客观上窝藏了赃物、存在被抓捕的危险或者毁灭了罪证。[③] 具体到本案中，李某某对于夜间出现的程某保持警惕并上前询问，但其并不明知程某实施了盗窃行为。程某存在事实认识错误，但不影响其行为定

---

① 参见张明楷：《刑法学》（第6版），法律出版社2021年版，第1281页。

② 参见张明楷：《刑法学》（第6版），法律出版社2021年版，第1283页。

③ 参见尚明刚：《误认为被发现盗窃而伤人是否属于转化型抢劫》，载《检察日报》2016年10月9日，第3版。

性。程某主观上是为了抗拒抓捕,客观上当场使用暴力致李某某重伤,符合转化型抢劫主客观要件,应认定为抢劫罪。

(供稿:阜阳市临泉县人民检察院　郭　徽　韦亚茹　马婷婷)

19. 李某某危险驾驶案

——被告人辩称二次饮酒不构成犯罪的醉驾行为，如何认定

■ 基本案情

2020 年 12 月 26 日 14 时 35 分许，李某某饮酒后驾驶小型轿车行驶过程中，与同向行驶的於某某驾驶的两轮电动车相撞，事故发生后，李某某驾车逃逸。当日 14 时 57 分许，李某某驾车自西向东行驶，与前方等候红灯通行的高某某驾驶的轿车追尾。在高某某下车至其车辆旁时，李某某突然倒车逃逸，又与其右侧车道内黄某某驾驶的轿车相剐碰，李某某继续驾车逃离现场。该系列事故造成四辆车辆不同程度损坏。

民警于当日 17 时 30 分许查获肇事车辆并到达李某某住处。李某某及其家人不予配合，将民警关在门外直至当日 19 时许。当消防队员准备强行破门时，李某某家人才将大门打开。民警进入李某某家中，发现李某某与其儿子坐在餐桌旁，餐桌上有酒菜等物。经当晚抽血送检，李某某血液中酒精含量为 181mg/100ml。

2021 年 9 月 20 日，蚌埠市蚌山区人民法院以危险驾驶罪判处李某某拘役 3 个月，并处罚金人民币 8000 元。宣判后，李某某提出上诉，认为其当日中午饮用白酒不到 1 两，不可能达到醉酒程度，当晚血液检验结果是其下午回到家中又大量饮酒导致的，其行为不构成危险驾驶罪。2021 年 12 月 27 日，蚌埠市中级人民法院裁定驳回上诉，维持原判。

■ 主要问题

对于饮酒驾驶人辩解在查获前又“二次饮酒”，如何认定危险驾驶行为？

■ 意见分析

□ 意见分歧

最高人民法院、最高人民检察院、公安部印发的《关于办理醉酒驾驶机动车刑事案件适用法律若干问题的意见》(以下简称《意见》)第六条第二款规定:“犯罪嫌疑人在公安机关依法检查时,为逃避法律追究,在呼气酒精含量检验或者抽取血样前又饮酒,经检验其血液酒精含量达到本意见第一条规定的醉酒标准的,应当认定为醉酒。”①本条款规定属于法律拟制,旨在解决醉酒驾驶人在查获前采取再次饮酒的方式试图逃避法律追究的问题。值得注意的是,司法实践中确实存在不是逃避法律追究又二次饮酒的情况。检察机关在办理此类危险驾驶犯罪中,要全面收集证据,查清事实,准确理解并适用法律,精准打击犯罪。

第一种意见认为,李某某的行为应当认定为危险驾驶罪。李某某有饮酒后驾驶车辆的行为,被公安机关查获时,即使存在“二次饮酒”的情形,因血液酒精含量达到醉酒标准,故构成危险驾驶罪。

第二种意见认为,指控李某某构成危险驾驶罪的证据不足。当天中午与李某某同桌证人只能证实李某某饮酒,具体喝了多少无法证明。李某某自称回家又饮酒非为逃避处罚,因与妻子生气而饮酒,其妻子、儿子及儿子的女友证言均予以证明。且民警进李某某家时,桌上也摆放有酒菜。虽然李某某血液中酒精含量达到醉酒的标准,但不能排除是“二次饮酒”导致,故指控李某某构成危险驾驶罪的证据不足。

□ 意见评析

笔者同意第一种意见。

办理以“二次饮酒”为由作无罪辩解的危险驾驶案件,关键是准确判断“二次饮酒”行为是否出于逃避法律追究的目的。《意见》第六条第二款的规定是对“二次饮酒”的当事人作不利解释。

其一,被告李某某有逃避法律追究的主观故意。李某某作为有多年驾驶经验的驾驶人,在饮酒驾驶造成多起交通事故后选择逃逸,目的是逃避公安机关检查。

---

① 该《意见》现已失效。现行有效规定为最高人民法院、最高人民检察院、公安部、司法部《关于办理醉酒危险驾驶刑事案件的意见》,其第四条第四款规定,犯罪嫌疑人在公安机关依法检查时或者发生道路交通事故后,为逃避法律追究,在呼气酒精含量检测或者提取血液样本前故意饮酒的,可以以查获后血液酒精含量鉴定意见作为认定其醉酒的证据。

当民警查获肇事车辆并到其住处要求配合调查时,李某某及其家人拒不配合,将民警关在门外长达一个半小时。在与民警对峙过程中,竟然在家“二次饮酒”,明显不合常理。综合事后行为看,李某某逃避法律追究的意图明显。

其二,“二次饮酒”后的酒精检测结果可以作为定罪量刑的依据。针对“醉酒型”危险驾驶罪案件,被告人血液中的酒精含量既是定罪关键,也是量刑关键。《意见》第六条为法律拟制,就是将甲事实看作乙事实,使甲事实产生与乙事实相同的法律效果。换言之,在法律拟制的场合,尽管立法者明知甲事实与乙事实并不完全相同,但出于某种目的,仍然对甲事实赋予与乙事实相同的法律效果,从而指示法律适用者。正如德国学者卡尔·拉伦茨在《法学方法论》中所言:“法学上的拟制是:有意地将明知为不同者,等同视之。”①司法实践中,当行为人酒后驾驶试图逃避法律追究时,在呼气酒精含量检验或者抽取血样前又饮酒,经检验其血液酒精含量达到规定的醉酒标准的,应当认定为醉酒。醉驾入刑的目的是加重对醉酒驾驶机动车行为的惩罚,有效防范风险。如果犯罪嫌疑人以醉酒驾驶后又饮酒为由辩解自己并非酒驾,从而法逃避法律追究,将会产生不良示范效应,不利于对社会安全和公众利益的保护。本案中,被告人李某某为了逃避法律追究,回家后又饮酒,检测出的血液酒精含量可以作为其酒后驾车定罪量刑的标准,体现了依法从严惩治醉酒驾驶机动车的目的和要求。

(供稿:蚌埠市蚌山区人民检察院　董　艳)

---

① 张云鹏:《刑事推定论》,法律出版社 2011 年版,第 23 页。

20. 戴某某强奸案

——强奸中止与未遂的认定

■ 基本案情

2021 年 2 月 13 日晚上，戴某某（男，30 岁，个体工商户）和韩某某将被害人潘某某（女，2006 年 7 月 2 日出生，此前与潘某某不相识）带至蒙城县某广场吃饭饮酒。饭后，韩某某离开并带走了潘某某的一部手机。戴某某驾车将潘某某带至蒙城县某大桥旁边，在车上多次强行脱去被害人的衣服，欲与之发生性关系。由于被害人强烈反抗，戴某某均未得逞，后两人在车内休息一夜。次日早晨，潘某某醒后要求戴某某帮其索要被韩某某拿走的手机，戴某某遂与潘某某到蒙城县水上派出所报警，称潘某某的手机被韩某某拿走。值班民警在了解警情过程中，发现情况可疑，经对二人分别询问，潘某某陈述了当日凌晨在车内被戴某某强奸的事实。

2022 年 4 月 26 日，蒙城县公安局以戴某某涉嫌强奸罪移送蒙城县人民检察院审查起诉。蒙城县人民检察院以强奸罪（未遂）对戴某某提起公诉。同年 6 月 9 日，蒙城县人民法院经审理认定戴某某犯强奸罪，系犯罪未遂，判决其有期徒刑 2 年 2 个月。戴某某不服，提起上诉。2022 年 7 月 18 日，亳州市中级人民法院裁定驳回上诉，维持原判。

■ 主要问题

行为人多次欲强奸被害人，因被害人反抗而未得逞，未再继续实施强奸行为，是犯罪中止还是犯罪未遂？

■ 意见分析

□ 意见分歧

第一种意见认为，应认定为强奸中止。戴某某多次欲对被害人实施强奸，均遭到被害人强烈反抗而未得逞。后两人在车内共处一夜，时间较长，戴某某身体强壮，在完全有能力继续实施强奸的情况下，主动放弃了犯罪，应认定为犯罪中止。

第二种意见认为，应认定为强奸未遂。戴某某欲对被害人实施奸淫，遭到被害人的强烈反抗后，仍然反复多次尝试，但均未得逞。被害人的多次反抗在客观上对戴某某的犯罪行为造成了阻碍，导致其强行与被害人发生性关系的目的难以实现，进而压制了被告人的犯罪意志，属于因意志以外因素而被迫停止犯罪，并非基于自愿主动放弃犯罪，应认定为犯罪未遂。

□ 意见评析

笔者同意第二种意见。

戴某某的行为应认定为强奸未遂，具体分析如下。

第一，犯罪未遂与犯罪中止的区别。《刑法》第二十三条第一款规定：已经着手实行犯罪，由于犯罪分子意志以外的原因而未得逞的，是犯罪未遂。第二十四条第一款规定：在犯罪过程中，自动放弃犯罪或者自动有效地防止犯罪结果发生的，是犯罪中止。区分犯罪未遂与犯罪中止，关键要看阻碍犯罪行为达到既遂状态是犯罪分子意志以外的原因还是犯罪分子意志以内的原因。犯罪分子意志以外的原因，是指违背行为人的本意，客观上阻碍了行为人犯罪行为达到既遂，或者使行为人认为不能既遂从而被迫停止犯罪的原因。犯罪未遂是“欲达目的而不能”，行为人具有放弃犯罪的“被迫性”。犯罪中止则是行为人在存在选择余地的情况下，自愿主动放弃原来的犯罪意图，不继续实施犯罪，不使犯罪既遂，系“能达目的而不欲”，体现为放弃犯罪的“自动性”。

第二，前期戴某某强奸未得逞的原因是被害人的多次激烈反抗。本案中，戴某某的本意是与被害人发生性关系，在其强行脱去被害人的裤子欲对被害人实施强奸时，被害人一直用手推戴某某、用手捂住下体，被害人的激烈反抗阻碍了戴某某所希望、追求的犯罪结果发生。尝试多次后，依然未得逞，戴某某清楚地知道其如果继续实施，依然会因被害人的反抗而难以得逞。此时，戴某某停止犯罪是由其意志以外的因素造成的，具有被迫性，应认定为犯罪未遂。

第三,后期戴某某未继续实施强奸,不属于自动放弃重复侵害行为。如前所述,戴某某多次欲强行与被害人发生性关系,均因被害人激烈反抗而未得逞,多次失败足以使其认为没有强奸得逞的可能,即使再次实施,依然会遭到被害人的激烈反抗,导致再次失败。被害人多次激烈反抗已对戴某某的犯罪意图起到足够的压制作用。因此,后期二人共处一夜期间戴某某未继续实施强奸,并非其出于犯意的主动改变而自动放弃犯罪。第一种意见中认为二人相处时间较长,戴某某身体强壮完全有能力继续实施强奸,系主观推测,已被前期事实证明不能成立。即便后期实际能够继续实施,在戴某某主观上认为无法继续实施的情况下,亦不能认定为自动放弃犯罪。

综上,本案中,被害人多次坚定而激烈的反抗已经形成强势的外界阻力,使戴某某难以继续实施犯罪,压制了其犯罪意图,属于戴某某意志以外的原因迫使其停止实施犯罪。因此,本案应认定为强奸未遂。

（供稿:亳州市蒙城县人民检察院　郑　宏　宁方方）

21. 张某甲非法种植毒品原植物再审案

——视听资料与勘验笔录存疑之证据采信

■ 基本案情

2017 年冬，原审被告人张某甲以食用为目的，在自家门前菜园内种植罂粟。2018 年 3 月 12 日，固镇县公安局濠城派出所民警在巡逻时发现该处疑似罂粟幼苗，并当场铲除。现场勘验笔录和扣押清单等证据显示，当天现场清点张某甲种植的罂粟幼苗共计 3201 株。

2019 年 5 月 30 日，固镇县人民法院以非法种植毒品原植物罪判处张某甲有期徒刑 5 年，并处罚金人民币 1 万元。判决生效后，张某甲配偶张某乙以公安机关清点、铲除罂粟幼苗时其和张某甲不在场，且不知道具体株数等为由，认为原审判决认定张某甲非法种植罂粟幼苗共计 3201 株属于事实不清、证据不足，向蚌埠市人民检察院提出申诉。

蚌埠市人民检察院复查发现，办案民警执法记录仪拍摄的现场视频部分丢失，现存视频只显示现场铲除、清点罂粟幼苗为 1250 株，尚有未被铲除、清点的其他疑似罂粟幼苗。清点罂粟幼苗数量时张某乙未全程在场。张某甲听说公安民警转述的罂粟幼苗数量后签字确认，见证人王某某和朱某某系清点、铲除罂粟幼苗将近结束时才到达现场。

蚌埠市人民检察院认为，原审判决认定张某甲非法种植罂粟幼苗 3201 株事实不清，主要证据之间存在矛盾，导致量刑不当，依法决定由固镇县人民检察院监督。2021 年 6 月 28 日，固镇县人民检察院以有新证据证明原判认定的事实有错、量刑不当为由，向固镇县人民法院提出再审检察建议。2021 年 9 月 17 日，固镇县人民法院再审判决，认定张某甲非法种植罂粟幼苗共计 1250 株，撤销原审判决，以非法种植毒品原植物罪判处张某甲有期徒刑2年4个月,并处罚金人民币2000元。

■ 主要问题

公安机关制作现场勘验笔录、扣押物品文件清单及提取物证过程中见证人、证人均未全程在场,现场勘验笔录、扣押清单是否应当排除?现场勘验的视听资料部分缺失时,能否依据保留的视听资料确定犯罪数额?

■ 意见分析

□ 意见分歧

第一种意见认为,公安机关制作的现场勘验笔录、扣押物品文件清单证实了公安民警对现场进行勘验,对被告人种植罂粟幼苗进行清点,并扣押了被告人种植的罂粟幼苗。虽然见证人是后期到达现场,对现场勘验、清点罂粟幼苗及扣押过程不了解,但公安机关在勘验、清点和提取物证过程中被告人全程在场,并在上述证据上签字确认。侦查机关在取证过程中存在一定瑕疵,但在被告人全程在场并签字认可的情况下,足以认定侦查机关对上述证据的制作、收集程序合法。因此,不应当排除勘验笔录、扣押清单。被告人在现场并对公安机关清点的株数予以认可,再结合勘验笔录、扣押清单等,足以认定种植的罂粟幼苗为3201株。

第二种意见认为,王某某、朱某某作为现场勘验、扣押物证的见证人,在现场勘验及铲除、清点罂粟幼苗时并未全程参与,现场勘验笔录及扣押清单存在瑕疵,不能作为认定张某甲非法种植毒品原植物的数量达3000株以上的依据,认定种植罂粟幼苗为3201株证据不足。执法记录仪拍摄的视频现存部分能够显示出民警清点的数量是1250株,应当认定非法种植数量为1250株。

□ 意见评析

笔者同意第二种意见。

第一,现场勘验笔录、扣押清单的收集程序存在瑕疵,可能严重影响司法公正,不能补正或者作出合理解释,不能作为认定种植罂粟株数的依据。现场勘验、检查、查封和扣押等侦查取证活动中要求见证人在场,初衷和目的是利用见证人对现场勘验等侦查取证活动的观察、监督和作证,保证证据的真实性和合法性。本案中,现场勘验和扣押物证的见证人在现场勘验及铲除、清点罂粟幼苗时并未全程参与,见证人得知涉案罂粟幼苗的数量是民警告知的,其见证已无法作为现场勘验笔录和扣押清单内容真实性的保证，现场勘验笔录、扣押清单的收集程序存在瑕疵，不能作为认定张某甲非法种植毒品原植物的数量达 3000 株以上的依据。

第二，原审中，张某甲对于种植罂粟幼苗数量的供述不能作为证据使用。对涉案罂粟幼苗的铲除、清点为一个持续的过程，且由 4 名民警、辅警同步进行，张某甲仅在现场观看，未参与数量清点，不可能明确知晓涉案罂粟幼苗的具体株数。因此，张某甲对于种植罂粟幼苗数量的供述不能作为认定事实的依据。

第三，认定种植罂粟幼苗数量为 3201 株证据不足，应当依据存疑时有利于被告人的原则，根据现有视频显示的内容认定种植罂粟幼苗株数。如前所述，原审认定张某甲非法种植罂粟幼苗数量为 3201 株的主要证据——现场勘验笔录、扣押清单、张某甲的供述，已不能作为定案依据。现存的执法记录拍摄的视频显示，民警在现场铲除、清点罂粟幼苗数量为 1250 株，现场有尚未被铲除的疑似罂粟幼苗，与证人证言能够印证。但在上述时间段外，对剩余的尚未铲除的罂粟幼苗清点过程及结果，仅有 1 名证人的证言，无其他证据佐证，原审判决认定被告人张某甲非法种植毒品原植物为 3000 株以上证据不足。现有视频可以证明罂粟幼苗数量至少为 1250 株，依据存疑时有利于被告人的原则，应当认定张某甲非法种植罂粟幼苗 1250 株。

（供稿：蚌埠市人民检察院　王　磊）

22. 黄某某、庄某某等人非法利用信息网络案

——电话欺骗他人加入电信网络诈骗微信群组的行为如何定性

■ 基本案情

2020 年 6 月至 2021 年 3 月，黄某某等人在湖北省武汉市组织人员开展电信引流业务，将上游电信网络犯罪分子提供的微信群组二维码、股民联系方式等信息分包给庄某某等人，分别在武汉、随州、合肥、滁州等地设立电销团队，从中赚取佣金差价。庄某某等电销团队负责人组织人员按照黄某某等人提供的信息拨打电话，冒充相应证券公司客服骗取客户信任后将对方拉入微信群组，为上游犯罪分子进一步实施犯罪提供条件。黄某某等人根据电销团队有效拉入微信群组的人数与上下游犯罪分子结算收益，结算总额共计人民币 620675 元。

2021 年 10 月 15 日，巢湖市人民检察院以非法利用信息网络罪对黄某某、庄某某等 12 人提起公诉。巢湖市人民法院经审理认为，黄某某、庄某某等 12 人以牟利为目的，利用信息网络，设立用于违法犯罪活动的通讯群组，情节严重，构成非法利用信息网络罪，判处黄某某、庄某某等 12 人有期徒刑。

■ 主要问题

黄某某、庄某某等人组织人员通过拨打电话的方式，欺骗他人加入被上游犯罪组织用于电信网络诈骗的微信群组的行为，应如何定性？

■ 意见分析

□ 意见分歧

第一种意见认为,黄某某、庄某某等人构成诈骗罪。庄某某等人组织人员冒充证券公司员工拨打客户电话,诱骗对方加入上游犯罪组织提供的微信群组,该行为属于后续电信网络诈骗犯罪的一部分。根据最高人民法院、最高人民检察院、公安部《关于办理电信网络诈骗等刑事案件适用法律若干问题的意见》的规定,诈骗数额难以查证,但具有拨打诈骗电话500人次以上的情形时,应以诈骗罪(未遂)定罪处罚。

第二种意见认为,黄某某、庄某某等人构成帮助信息网络犯罪活动罪。庄某某等人将客户拉进微信群组,为上游犯罪组织实施电信网络诈骗提供了帮助,应以帮助信息网络犯罪活动罪定罪处罚。

第三种意见认为,黄某某、庄某某等人构成非法利用信息网络罪。黄某某、庄某某等人明知他人利用信息网络实施违法犯罪,仍为其组建用于实施违法犯罪的通讯群组,应以非法利用信息网络罪定罪处罚。

□ 意见评析

笔者同意第三种意见。

黄某某、庄某某等人构成非法利用信息网络罪。根据《刑法》第二百八十七条之一、之二的规定,非法利用信息网络罪是指利用信息网络设立用于实施诈骗、传授犯罪方法、制作或者销售违禁物品、管制物品等违法犯罪活动的网站、通讯群组,或者发布有关制作或者销售毒品、枪支、淫秽物品等违禁物品、管制物品或者其他违法犯罪信息,或者为实施诈骗等违法犯罪活动发布信息,情节严重的行为。帮助信息网络犯罪活动罪是指明知他人利用信息网络实施犯罪,为其犯罪提供互联网接入、服务器托管、网络存储、通讯传输等技术支持,或者提供广告推广、支付结算等帮助,情节严重的行为。非法利用信息网络罪只要求行为人实施了法律规定的相应行为,即所设立的网站、群组用于实施违法犯罪活动,或者所发布的信息内容有关违法犯罪或者为实施诈骗等违法犯罪活动,并不要求客观上实施了相应的违法犯罪活动,系为实行行为准备工具、制造条件,本质上具有预备犯的色彩,属于预备行为的实行化。而帮助信息网络犯罪活动罪本质上系帮助行为,属于共犯行为的正犯化,以被帮助对象的行为构成犯罪为前提。

本案中,一方面,黄某某、庄某某等人组织人员冒充证券公司员工拨打客户电话,诱骗对方加入上游犯罪组织提供的微信群组,其对上游犯罪组织成员、具体犯罪行为模式等并不知情,也不参与上游犯罪分赃,没有与上游犯罪分子共同诈骗的犯罪故意,不构成诈骗罪共犯。另一方面,黄某某等人将他人拉入微信群组后,上游犯罪分子还要对微信群内人员进行筛选,再着手实施下一步违法犯罪活动。此时,诈骗等犯罪行为尚未着手实施,拨打电话行为属于为后续的犯罪制造条件,处于后续犯罪的预备阶段。帮助信息网络犯罪活动罪实质上系上游犯罪的帮助犯,其行为通常处于犯罪实行阶段。因此,黄某某、庄某某等人的行为不构成帮助信息网络犯罪活动罪。黄某某、庄某某等人利用信息网络为电信网络犯罪分子组建用于实施违法犯罪的通讯群组,情节严重,构成非法利用信息网络罪。

(供稿:合肥市巢湖市人民检察院　方小敏)

23. 付某诈骗二审抗诉案

——涉合同的骗取财物行为，如何区分诈骗罪与合同诈骗罪

■ 基本案情

2012 年，付某与孙某某、许某某商定利用虚假交易平台骗取客户财物。三人共同出资租赁经营场所，伪造上海昱叶投资管理有限公司合肥分公司的营业执照，使用化名并聘请多名工作人员寻找投资贵金属交易客户。2013 年，被害人朱某某、孟某某先后被邀请至经营场所实地考察，付某等人宣称投资境外黄金交易能赚钱，公司代理美国某交易平台，并使用虚拟黄金交易操作软件向 2 名被害人演示黄金交易操作。后分别与 2 名被害人签订国际黄金现货交易合同，并在 2 名被害人的电脑中安装虚假黄金交易操作软件。朱某某、孟某某分别向付某等人提供的银行账户转账 42 万元和 14 万元，用于投资境外黄金交易。付某等人通过后台控制虚拟黄金交易操作软件，使朱某某、孟某某的资金逐渐显示亏损，从而将被害人投资的 56 万元非法占有。

2020 年 8 月 6 日，合肥市蜀山区人民检察院以涉嫌犯诈骗罪对付某提起公诉。合肥市蜀山区人民法院以犯合同诈骗罪判处付某有期徒刑 5 年 4 个月，并处罚金人民币 10 万元。合肥市蜀山区人民检察院以原审判决适用法律错误、量刑明显不当为由提出抗诉。合肥市人民检察院支持抗诉。2020 年 12 月 24 日，合肥市中级人民法院二审改判付某犯诈骗罪，判处有期徒刑 10 年，并处罚金人民币 10 万元。

■ 主要问题

涉合同的骗取财物行为，如何区分诈骗罪与合同诈骗罪？

■ 意见分析

□ 意见分歧

第一种意见认为,付某的行为应为合同诈骗罪。本案属于在签订、履行合同的过程中致被害人陷入错误认识,侵犯了被害人财产权的同时,也扰乱了市场经济秩序,属于普通法条与特殊法条竞合的关系,应选择适用特殊法条,认定为合同诈骗罪。

第二种意见认为,付某的行为应为诈骗罪。付某等人的行为与市场经济活动无关,其与被害人签订合同只是骗取被害人信任的手段,被害人陷入错误认识是基于付某等人谎称具有境外黄金交易平台代理权等合同以外的欺骗行为。因此,不能认定为合同诈骗罪,应认定为诈骗罪。

□ 意见评析

笔者同意第二种意见,付某的行为应认定为诈骗罪。

第一,合同诈骗罪侵犯的客体包括市场经济秩序和公私财产所有权,行为人通常实施了与合同内容相关的经济活动。《刑法》将合同诈骗罪规定在《刑法》分则第三章破坏社会主义市场经济秩序罪的第八节扰乱市场秩序罪中,从体系位置看,合同诈骗罪侵犯的主要客体是市场经济秩序,其次才是公私财产所有权。如果行为人没有实施与合同约定内容相关的经济活动,即不具有签订、履行合同相关的筹备、管理、经营活动,只是在实施诈骗犯罪活动中使用了合同,并不至于扰乱市场经济秩序,则其行为不应当认定为合同诈骗罪。本案中,付某等人虽然与被害人朱某某、孟某某签订了国际黄金现货交易合同,但合同仅作为骗取被害人信任的道具,宣称的公司和黄金交易平台均是虚假的,不具有任何与签订、履行合同相关的筹备、管理、经营活动,诈骗行为与市场经济活动无关,实质上未扰乱市场经济秩序,不符合合同诈骗罪的犯罪构成要件。

第二,区分诈骗罪与合同诈骗罪,关键看合同是不是被害人陷于错误认识而处分财产的主要原因。合同诈骗罪表现为利用合同进行诈骗,即通过合同的虚假签订、履行使对方陷于错误认识而处分财产,从而实现对他人财物的非法占有。合同的签订、履行行为是导致被害人陷于错误认识而处分财产的主要原因,合同是诈骗行为的关键所在,也是合同诈骗罪区别于诈骗罪的重要特征。如果行为人在实施诈骗活动中也签订了合同,但是被害人主要是基于合同以外的欺骗行为陷于错误认识处分财产,而非因为合同的签订、履行,则应当认定为诈骗罪。本案中,付某等人虚构其公司代理美国黄金交易平台、投资境外黄金交易能赚钱的事实,并使用虚拟黄金交易操作软件给被害人演示,使被害人朱某某、孟某某陷于错误认识,签订了所谓的国际黄金现货交易合同,并向付某等人提供的账户转账56万元用于投资境外黄金现货交易。后付某等人通过后台控制虚拟黄金交易操作软件,使朱某某、孟某某的资金逐渐显示亏损,非法占有了该56万元。可见,付某等人与被害人签订合同,只是进一步获取被害人信任的手段,而非二被害人陷于错误认识的主要原因。被害人是由于付某等人其他欺骗行为产生错误认识而处分财产。因此,本案不符合合同诈骗罪的特征,付某等人的行为应认定为诈骗罪。

(供稿:合肥市高新区人民检察院　顾　克)

24. 刘某某、周某某危险物品肇事案

——对危险物品肇事罪的“运输中”的理解与分析

■ 基本案情

浙江某海运公司于2010年2月注册成立，从事国内沿海及长江中下游化学品船运输，“华泓18”轮为该公司化学品运输船。刘某某担任该轮船长，全面负责船舶安全营运，周某某担任该轮大副，主管货物配载、装卸及运输管理，并负责协助船长开展安全营运等工作。根据规定，“华泓18”轮仅有10个液货舱可配载危险化学品。2021年9月22日，“华泓18”轮赴舟山某公司装载约1067吨乙烷，周某某将上述乙烷分别配载于10个液货舱和2个污液舱，并在配载计划表中隐瞒污液舱违规配载乙烷的事实。刘某某明知上述情况仍予签字审核，并将该表报海事部门备案。同年9月23日，“华泓18”轮到达常熟某码头卸货，周某某发现左污液舱货物损失0.8立方米。同年9月25日，“华泓18”轮行至长江芜湖段东梁山水域停泊，周某某发现左污液舱有渗漏点，左隔离舱持续向左污液舱渗漏液体。经向刘某某汇报同意，周某某组织船员将密闭的隔离舱打开堵漏。后轮机长樊某某、水手余某某等人在未穿戴防护设备和测氧测爆的情况下携带磨光机等非防爆静电工具下舱，用磨光机切割打开隔离舱道门，周某某将潜水泵交由余某某放入隔离舱抽水。当日22时许，周某某、樊某某、余某某和二管轮张某某在未采取任何安全措施的情况下进入隔离舱查看情况，因舱内空间狭小，周某某先行上到甲板。23时许，隔离舱内发生爆炸，樊某某、余某某、张某某经抢救无效死亡。经长江海事局事故调查结论书认定，本起事故是“华泓18”轮船员违规操作、污液舱违规装货等人为因素引起的单方责任事故，“华泓18”轮负本起事故的全部责任。

2022 年 8 月 15 日,芜湖市镜湖区人民检察院以涉嫌犯危险物品肇事罪对刘某某、周某某提起公诉。2022 年 8 月 30 日,芜湖市镜湖区人民法院以刘某某、周某某犯危险物品肇事罪,均判处有期徒刑 1 年 6 个月,宣告缓刑 2 年,禁止在缓刑考验期内从事危险物品运输及相关活动。判决已生效。

■ 主要问题

危险物品运输前、卸货后在对运输船舶检修维护期间发生重大事故,是否属于在"运输中"发生重大事故?

■ 意见分析

□ 意见分歧

第一种意见认为,不能认定为在"运输中"发生重大事故。危险物品肇事罪的罪状明确表述为"在生产、储存、运输、使用中发生重大事故",在没有例外规定和特殊解释的情况下,就应当严格按照文义解释,将"运输中"解释为货物的运输过程中,不应将卸载后发生的重大事故也解释为在"运输中"发生。因此,刘某某、周某某在船舶货物卸载后的行驶过程中,违反安全管理规定,致使发生重大事故,应认定为重大责任事故罪。

第二种意见认为,可以认定为在"运输中"发生重大事故。刘某某、周某某作为危险物品运输从业者,违法违规装载危险物品在先,卸载后又违规操作检修设施,最终造成重大伤亡事故。虽然后果发生在运输合同履行完毕之后,但导致事故发生的深层次原因是二人行为违反有关安全管理的规定,对公共安全的危险在运输前已经产生并延续至整个航行期间,可以认定为在"运输中"发生重大事故,二人行为构成危险物品肇事罪。

□ 意见评析

笔者同意第二种意见,理由如下。

第一,制造法不允许的危险行为发生在危险物品的"运输中"。危险物品由于存在爆炸性、易燃性、放射性、毒害性、腐蚀性的物理特性,极易引发严重危害人民群众生命财产安全的事故。因此,相关法律法规为危险物品从业设置了严格的准入条件,并要求在危险物品的生产、储存、运输、使用等各个环节中严格落实安全生产规章制度。案涉事故发生的原因按照时间顺序有三项:一是在日常管理中发现污液舱和隔离舱相邻的舱壁上腐蚀严重,存在的砂眼可能导致液货泄漏,但是没有尽到维护义务;二是违规在不能装载危险物品的污液舱装载危险液货乙烷,致使乙烷泄漏至隔离舱;三是明知有危险物品渗漏,仍组织人员在不遵照安全作业规程、不穿戴安全设备的情况下试图补漏。上述行为虽然分别发生在日常安全管理、装载危险物品、维护运输设施三个环节,但上述环节都是危险物品运输的必经和必要环节,都属于在危险物品运输中严重违反安全管理规定的行为。若将刘某某、周某某在危险物品准备装载前、卸载后实施的行为与装载时的行为人为割裂,则是对运输生产作业的时间、空间延续性的破坏,违背事情客观发展经过的一般理解。因此,本案中制造法不允许的危险行为属于发生在"运输中"。

第二,法不允许的危险后果在"运输中"实现。有观点认为,案涉爆炸事故的发生系船舶检修违规操作,检修行为在货物运输结束后,因而不能认定危险后果发生在"运输中"。笔者认为,上述观点有误。首先,本案中,"华泓 18"轮是专门从事化学品运输的船舶,虽然在常熟某码头卸载货物后,该单货运合同已经履行完毕,但发生事故时该船正在驶往下一个装运危险物品的目的地,其运输状态始终没有中断。其次,检修运输工具属于危险物品安全管理规定中的必要管理维护活动。周某某在发现货损渗漏后经刘某某同意组织人员检修,是保障运输中船舶和人员安全及下批货物正常运输的必要环节。本案中,液货的泄漏发生在运载过程中,且在卸载时被发现,随即相关人员针对泄漏进行了补漏作业。若将上述因素拆开来看,单纯的乙烷泄漏并不会直接导致爆炸,普通船舶空舱情况下违规操作维修作业也不会造成爆炸。但是当泄漏的乙烷变成挥发性气体遇上火花时,却能引发爆炸,这也是事故调查结论书认定的事故直接原因。因此,刘某某、周某某在危险化学品船舶运输状态没有中断的情况下,先后紧密地实施了多个违反危险物品安全管理规定的行为,致使重叠行为造成了重大事故,可以认定为危险后果发生在"运输中"。

第三,本案对"运输中"的界定没有超出危险物品肇事罪构成要件的范围,符合形式解释与实质解释的统一。形式解释与实质解释并不对立,而是统一的关系,实质解释实际上是形式解释的"进阶性"解释。实践中,实质解释对于准确认定行为性质、实现刑法妥当处罚具有重要意义。[①] 将危险物品运输的必经和必要环节均解释为"运输中",才能使危险物品安全管理这一特定领域的公共安全法益得到更加全面的保护。本案认定为在"运输中"发生重大事故,以危险物品肇事罪

---

① 参见何荣功:《认定犯罪应坚持形式与实质统一》,载《检察日报》2022 年 12 月 10 日,第 3 版。

对刘某某、周某某定罪处罚,既做到了对二人犯罪行为的全面评价,也有利于深刻警示危险物品行业从业人员。

(供稿:芜湖市镜湖区人民检察院　车凌梓)

25.“萤火”网络直播案

——网络直播中引导会员投注参赌行为的定性

■ 基本案情

2020年,唐某某联系在境外架设服务器创建包含色情直播、赌博游戏等违法内容的“萤火”App,通过设立家族、招募主播,引导玩家会员点击直播间链接投注参赌,从而获取进入直播间的App注册用户打赏的礼物,并从投注参赌数额中分成。

2020年11月1日,唐某某、常某成立“PC”家族(ID236),招募主播154人。同年12月10日,唐某某、陈某某成立“西海岸”家族(ID292),招募主播65人。“PC”“西海岸”家族均在“萤火”App组织主播引导用户点击直播间赌博链接投注参赌。唐某某负责“PC”“西海岸”家族全部事务和重大决策,决定家族收益分配,常某、陈某某协助唐某某分别管理“PC”和“西海岸”家族主播,安排主播使用话术引导用户点击直播间赌博链接投注参赌,陈某某兼任“西海岸”家族会计。徐某某、王某担任主播参与直播,协助唐某某管理“PC”家族主播并兼任会计。王某某、张某某担任主播参与直播,推荐主播加入家族并进行直播培训,以小家族长身份管理、帮助主播直播活动。“PC”家族主播王某、徐某某、王某某、张某某等13人,使用话术引导、接受直播间用户7000余人投注参赌,下注金额合计699.1773万元,提现收益合计151.77696万元。“西海岸”家族主播牛某、孙某某,使用话术引导、接受直播间用户1000余人参赌投注,下注金额合计64.0847万元,提现收益合计26.25312万元。

2022年2月11日,宣城市宣州区人民检察院以唐某某、常某、陈某某、徐某某、王某、王某某、张某某等7人涉嫌开设赌场罪提起公诉。宣州区人民法院以唐某某等7人犯开设赌场罪，分别判处2年3个月至1年不等有期徒刑，并处2万元至15万元不等罚金，对王某某、张某某宣告缓刑。唐某某等人均未提出上诉，一审判决生效。

■ 主要问题

主播在网络直播中引导会员投注参赌的行为应如何定性？

■ 意见分析

□ 意见分歧

最高人民法院、最高人民检察院、公安部《关于办理网络赌博犯罪案件适用法律若干问题的意见》（以下简称2010年《意见》）明确为赌博网站担任代理并接受投注系开设赌场的犯罪行为，并规定有证据证明犯罪嫌疑人在赌博网站上的账号设置有下级账号的，应当认定其为赌博网站的代理，但未明确解释何为“接受投注”，主播引导点击直播间链接后参赌，能否认定为担任代理、“接受投注”。

第一种意见认为，主播仅在App上注册账号，并未直接向玩家提供下级账号，尽管在直播间引导会员投注，但玩家会员系直接与赌博网站发生关系，主播并不直接接受玩家投注资金，不能认定主播为代理和接受投注。

第二种意见认为，主播在App上注册账号后，拥有独立直播间并在直播过程中嵌入链接，玩家可以直接点击链接下注参赌，且直播间的会员参赌记录能够清楚明确地反映玩家会员在直播间的投注情况。因此，可以认定为主播以开设直播间的方式担任代理并在直播间接受投注。

□ 意见评析

笔者同意第二种意见。主播引导会员点击直播间嵌入的链接投注参赌，可以认定为“为赌博网站担任代理并接受投注”的开设赌场行为，构成开设赌场罪。

首先，刑法意义上的为赌博网站担任代理，与民法意义上的代理成立的条件不同，也与日常生活中常见的彩票站接受投注的代理方式不完全一致。为赌博网站担任代理的认定更加侧重于行为人的行为目的是否系通过赌博网站组织他人参与赌博并通过赌博网站非法获利，代理行为实质上起到为赌博网站充当下级代理的作用。本案中，从形式上看，主播仅个人在App上注册账号，未向参赌人员提供下级账号。但从实质上看，主播在App上注册账号后，拥有独立直播间并在其中嵌入赌博链接，参赌人员受其在直播间的鼓动，点击链接直接投注参赌，会员参赌记录能够清楚明确地反映参赌会员系通过某主播直播间参赌以及具体投注情况。参赌会员账号可以认定为主播在直播间内发展的下级玩家账号，主播账号下具有下级账户即应该认定主播担任赌博网站代理。

其次，尽管参赌人员通过点击直播间嵌入的赌博链接以电子支付方式投注至赌博网站，主播不直接接受会员投注资金，但平台直接根据参赌人员 ID 号、投注时间等在直播间投注记录上逐笔记录参赌人员投注彩种类型、投注期号、订单状态、投注金额、中奖金额、订单号、即时余额等内容，完整反映直播间参赌情况及主播分红收益，意味着平台认可主播直播间作为代理接受投注并支付返利。因此，本案中通过直播间投注参赌可以认定为接受投注。

综上，本案中主播的行为可以认定属于“为赌博网站担任代理并接受投注”的开设赌场行为。

需要指出的是，为满足打击跨境网络赌博犯罪的现实需要，2020 年公布施行的最高人民法院、最高人民检察院、公安部《办理跨境赌博犯罪案件若干问题的意见》（以下简称 2020 年《意见》）将明知是赌博网站、应用程序又为其担任代理并发展玩家、会员、下线的行为规定为开设赌场罪的共犯。因此，在跨境网络赌博犯罪案件中，只要在主观明知的情况下为赌博网站、应用程序担任代理并组织招揽参赌人员，无论是否接受投注，都不影响开设赌场罪的构成。此外，2010 年《意见》和 2020 年《意见》均将参与赌博网站利润分成的行为直接规定为开设赌场行为。实践中，如果主播在直播间的行为不能认定为为赌博网站担任代理并接受投注或发展玩家、会员、下线，但获取参赌人员投注分成的，即系参与赌博网站利润分成，达到开设赌场罪入罪标准即构成开设赌场罪的共犯。

（供稿：宣城市宣州区人民检察院　洪多多）

26. 郭某挪用资金案

——有限合伙的执行事务合伙人挪用私募基金财产行为的定性

■ 基本案情

2015年3月5日,安徽安粮控股股份有限公司(以下简称安粮控股)与北京统元投资基金管理有限公司(以下简称北京统元)签订《战略合作框架协议》,约定共同设立“安粮·统元富邦新城市经济投资基金计划”,为安粮控股及其下属各子公司、参/控股项目公司目前持有以及未来一段时间内拟投资的各类型项目提供专项投资资金、流动资金支持、资产证券化等各类型金融服务。随后,由北京统元作为普通合伙人,苏州统德天展股权投资管理有限公司代安粮控股作为有限合伙人,在苏州工业园区发起设立了苏州安粮统元富邦投资中心(有限合伙)(以下简称统元富邦)运营该基金项目,北京统元委派被告人郭某为执行事务合伙人。同时,统元富邦与安徽省粮油食品进出口(集团)公司(以下简称安粮集团)签订保证合同,约定由安粮集团为安粮控股及基金投资的具体项目公司向基金提供人民币不超过2亿元的连带责任保证担保。

2015年3月至7月,郭某以统元富邦的名义,先后向安徽亚微资产管理有限公司及胡某波等8名自然人募集资金共计2735万元。所募集的资金均转入统元富邦在中信银行合肥政务区支行设立的账户。但郭某未按照上述合作协议的约定设立监管账户、履行投资决策程序,而是违反约定的资金用途,在扣除200万元管理费后,擅自将统元富邦账户上的2535万元转至郭某实际控制的苏州统德恒既投资中心(有限合伙)(以下简称统德恒既)的银行账户,进而又转至其个人及与统元富邦无关的单位或个人银行账户,一直未能归还。2015年12月底,安粮控股以受让出资人权益的方式，返还了统元富邦投资人的全部投资款2735万元。

2018年5月11日，安徽省合肥市蜀山区人民法院以挪用资金罪判处郭某有期徒刑4年6个月，责令其退赔被害单位全部经济损失。被告人郭某提出上诉，二审裁定维持原判，该判决已生效。

■ 主要问题

有限合伙的执行事务合伙人是否属于挪用资金罪的犯罪主体？在合伙型基金中，基金财产不属于合伙企业财产，是否属于挪用资金罪的犯罪对象？

■ 意见分析

□ 意见分歧

第一种意见认为，有限合伙的执行事务合伙人有权决定和执行合伙事务，其使用资金属于决策范围内的事项，难以认定其擅自挪用单位资金。基金财产是区别于合伙财产的，不能认定为挪用资金罪中的本单位资金。因此，郭某的行为不构成挪用资金罪。

第二种意见认为，有限合伙的执行事务合伙人虽有权决定和执行合伙事务，但违反合伙协议约定，未经相应的审批决策程序挪用资金归个人使用，就可以认定为擅自挪用。基金财产虽然不属于合伙企业所有，但处于合伙企业管理、控制之下，也可以成为挪用资金罪的对象，故郭某行为构成挪用资金罪。

□ 意见评析

笔者同意第二种意见，郭某的行为构成挪用资金罪。执行事务合伙人未履行投资决策程序，利用职务上的便利，将所募集的资金转出供个人使用，且超过3个月未还或进行营利活动的行为构成挪用资金罪。

第一，郭某负有主管、管理、经手合伙企业财物之职责。2006年我国对《合伙企业法》进行修改后，许多私募基金采用了有限合伙的形式。有限合伙型基金发起人为普通合伙人，承担无限责任；投资人为有限合伙人，以出资额为限承担有限责任。有限合伙企业由普通合伙人执行合伙事务，而普通合伙人为法人或者其他组织的，就由其委派的代表执行合伙事务。本案中，郭某就是作为普通合伙人的北京统元委派到统元富邦执行合伙事务的代表。根据我国《刑法》第二百七十二条的规定，挪用资金罪的主体为公司、企业或者其他单位的工作人员。有限合伙企业中执行事务合伙人的代表，参与合伙企业的经营管理，有执行合伙事务的职权,具有履行单位赋予的主管、管理、经手单位财物之职责,可以成为挪用资金罪的犯罪主体。

第二,合伙企业对基金财产享有管理和控制权。基金财产是基金投资人投资而形成的财产。根据《证券投资基金法》第五条的规定,基金财产是独立于基金管理人、基金托管人的固有财产。因此,从所有权方面来看,在合伙型基金中,基金财产不归合伙企业所有,合伙企业对基金财产仅有管理权。《刑法》对“挪用”的界定采取实际控制理论,强调对资金、财产的占有,而不限于所有权的归属问题。这一点从《刑法》第九十一条第二款、第一百八十五条第一款的规定就可以体现出来,挪用处于本单位实际“控制”之下的资金,可以构成挪用资金罪。综上,基金财产就可以作为基金管理人的工作人员挪用资金罪的犯罪对象。

第三,郭某未按照约定用途和决策程序转移资金属于挪用。刑法意义上的“挪用”行为,可以理解为行为人违反相关规定,转移对资金的实际占有关系并按照对资金有支配权力的个人意志发挥资金功效的行为。在通常的挪用资金犯罪中,一般将“挪用”界定为行为人违反规定,擅自决定使用资金。而在有限合伙型私募基金中,普通合伙人是法定的执行事务合伙人,有限合伙人不参与执行合伙事务,执行事务合伙人在执行合伙事务时似乎有不受约束的权利。这也是本案被告人郭某的无罪辩解理由之一。因此,在认定此类执行事务合伙人的“挪用”时,要从行为实质和危害两个角度进行判断。本案中,在安粮控股与北京统元签订的《战略合作框架协议》中,对基金的用途和审批程序都作了明确的约定。在募集资金时也向投资人说明了基金的投资项目、担保方和资金的监管措施,北京统元及其委派的代表人在管理基金中应当遵守这些约定。郭某在募集资金到账后,未存入监管账户,在未履行约定的决策程序的情况下,将所募集的资金转入个人控制的账户。这种行为严重违背了其作为执行事务合伙人之职责,对基金财产安全造成了现实的风险,也对基金投资人造成现实的权利侵害,应当认定为擅自挪用。根据查明的资金去向,转至统德恒既账户的资金最终也都转至郭某个人账户以及与统元富邦无关的单位或个人银行账户,应当认定为“归个人使用”。

(供稿:合肥市蜀山区人民检察院　黎　俊)

27. 郭某某合同诈骗案

——民刑交叉案件中合同诈骗事实的认定

■ 基本案情

2017 年 9 月 20 日，被害人罗某通过电话、微信等方式联系被告人郭某某，委托郭某某帮其联系一艘轮船从福建省浮鹰岛运送黄沙至江苏省南通市。郭某某声称联系了一艘代号为"天津瓦 606"的轮船，且在明知"天津瓦 606"轮船主葛某某无法履行合同时，仍代表葛某某与罗某签订一份电子运输合同，并要求罗某交纳 25 万元定金。同年 9 月 21 日 2 时许，罗某转账 25 万元至郭某某个人银行账户。2017 年 9 月 21 日 6 时至 9 时，郭某某以"天津瓦 606"的轮船发生故障不能履行合同为由，对罗某称又联系了一艘代号为"天津瓦 199"的轮船运送黄沙，让其再次交纳 10 万元，并会将之前的 25 万元定金一起交给"天津瓦 199"轮船主汪某某。同年 9 月 21 日 20 时许，罗某转账 10 万元至郭某某个人银行账户。郭某某将罗某交纳的 35 万元全部用于赌博等活动，后罗某支付实际承运人汪某某 42 万元。

■ 主要问题

在民刑交叉案件中，如何判定是合同诈骗犯罪行为还是民事违法行为？

■ 意见分析

□ 意见分歧

第一种意见认为，郭某某是以非法占有为目的，采取虚构事实、隐瞒真相的方法，获取罗某的财产。罗某基于错误认识，主动将 35 万元定金转账给郭某某，郭某某的行为构成诈骗罪。

第二种意见认为,本案中的承运合同是市场经济中常见的要式合同。郭某某出于非法占有目的,事先签订合同,并在履行合同过程中实施了诈骗行为,既侵害了他人的财产权,也扰乱了正常的市场经济秩序,应当以合同诈骗罪追究其刑事责任。

第三种意见认为,郭某某代表葛某某等人与罗某签订承运合同,先后收取罗某定金35万元,但没有将上述资金支付给实际承运人汪某某,郭某某仅是挪为他用,并无非法占有的目的。郭某某的行为是民事违约行为,罗某可以向郭某某追偿,刑法谦抑原则要求刑罚适用于其他制裁方式不足之处,故不宜追究郭某某的刑事责任。

□ 意见评析

笔者同意第二种意见,郭某某的行为构成合同诈骗罪,具体原因及认定过程如下。

第一,郭某某实施诈骗行为发生在合同签订和履行的过程中。合同诈骗罪是普通诈骗的特殊罪名,其侵犯的法益是复杂客体:一是他人的财产权,二是社会主义市场经济秩序。合同诈骗和普通诈骗的区分关键点是诈骗行为是否发生在合同签订和履行的过程中。合同既包括书面合同,也包括口头合同,当事人双方签订或履行合同的形式不是区分合同诈骗和普通诈骗的主要因素。合同的签订和履行,包括从订立合同要约开始,经过要约、承诺,达成合意、签订合同以及合同的全面履行等。本案中,郭某某为实现运输合同成立、履行进行了必要的准备。具体表现为,当罗某的业务员方某发出了运输黄沙的要约后,郭某某与罗某为从福建浮鹰岛至江苏南通运送黄沙一事,进行了运输价格、定金、运输过程的要约、承诺的深入沟通并达成了协议。郭某某作为货运人罗某和实际承运人"天津瓦606"轮船主葛某某、"天津瓦199"轮船主汪某某的中间人,进行了必要的协调,直至汪某某将罗某的黄沙从福建浮鹰岛运送至江苏常熟。因此,该案符合合同诈骗罪中"在签订、履行合同过程中"的基本要件。

第二,郭某某利用信息不对称,实施隐瞒真相、虚构事实的行为。如何在一般事实中,剥离或者抽象出"隐瞒真相、虚构事实",不仅需要司法人员有丰富的司法实践,还需要在案件审查过程中,关注案件中的每一个细节,通过一个个"不起眼"的零散信息,归纳并固定好案件中的法律事实。本案中,郭某某与葛某某通话记录显示,双方在9月20日22时02分结束通话,结合在案言词证据,可证明郭某某在9月20日22时02分已经知道“天津瓦606”轮船无法履行罗某的运输协议。如果郭某某如实告知罗某“天津瓦606”轮船出现故障，罗某就不会与郭某某签订“天津瓦606”轮船从福建省浮鹰岛运送黄沙至江苏省南通市的协议，更不会转账给郭某某25万元合同定金。郭某某与罗某9月21日凌晨0时46分至2时29分的微信聊天记录显示，郭某某正是利用信息的不对称，隐瞒已掌握的“天津瓦606”轮船不能运输的事实，故意虚构“天津瓦606”轮船将在9月21日13时到达浮鹰岛、合同能够继续履行的假象，欺骗罗某签订合同并支付25万元定金。后郭某某在明知自己无法兑现将此前25万元定金转交汪某某的情况下，再次欺骗罗某交纳10万元定金。实际承运人汪某某因无法获取运费而行使留置权，后罗某支付42万元运费给汪某某。

第三，郭某某产生诈骗的主观犯意发生在取得财物前。司法实践中，为准确判断非法占有目的何时产生，需要选取参考点。有观点认为，应以签订合同作为参考点，合同诈骗罪的犯罪故意只能产生于签订合同之前或之时。也有观点认为，应以“诈骗”行为作为参考点，因为非法占有的心态是“骗取”时的主观心态，而非签订合同和履行合同时的主观心态。笔者认为，应以取得财物作为参考点。首先，财产的变动和处分行为与非法占有目的的产生时间密切相关。合同诈骗作为取得型犯罪之一，符合刑法关于取得型犯罪的一般性规定。其次，取得财物的行为是中性的，可以基于非法占有目的取得，也可以是合法目的下的正当行为。非法占有目的的产生和取得财物的先后关系不同，是否认定构成犯罪的情况也将不同。因此，只有取得财物前产生非法占有目的，才能构成合同诈骗罪。本案中，郭某某取得罗某第一笔合同定金前，就向罗某虚构了事实，隐瞒了真相。罗某正是基于该错误认识，主动向郭某某的银行账户汇入25万元。郭某某明知自己无法向实际承运人汪某某支付运费，仍意图骗取罗某第二笔定金，虚构和罗某“账一起结”、汪某某催得急等事由，欺骗罗某将10万元定金直接汇给自己，必然导致合同履行瑕疵。

第四，郭某某具有非法占有目的。“非法占有目的”推定是司法实践中的难点，一方面，需要考量行为人通过诈骗手段取得财物后，有无销毁账目、挥霍、抽逃转移资金、从事非法活动等客观行为；另一方面，还要考虑行为人有无提出合理的辩解，盘活资产等客观事实反映主观故意的“证据”，让客观证据“说话”，挖掘每一份经济合同、每一次通话记录、每一笔资金流水、每一次出入境记录背后行为人的真实意图。本案中，在2017年9月17日至23日，也就是罗某汇款35万元给郭某某前后这段时间,出入境记录显示郭某某多次至澳门,郭某某的银行交易明细证实,郭某某在罗某汇入35万元后的短短几个小时内,便将其中的17.76万元转入澳门赌场赌客刘某某账户,8.8万元转入澳门赌场一赌博洗码人员周某账户。郭某某取得35万元后未用于运输合同的履行,而是挪作他用。另外,从调取的郭某某2017年9月23日至11月13日出入境记录可知,郭某某又先后三次从拱北口岸进入澳门。结合郭某某在此期间向杨某、朱某某借款15万元、38.3万元的证人证言,郭某某在挥霍35万元之前、之后均无能力归还罗某钱款。从郭某将35万元用于赌博挥霍且无归还能力可以推定郭某某具有非法占有的主观目的。

(供稿:马鞍山市和县人民检察院　马云飞)

28. 费某贩卖毒品、洗钱案

——“自洗钱”犯罪行为的认定

■ 基本案情

2021 年 4 月初，被告人费某与杨某某、王某某（均另案处理）合谋共同贩卖甲基苯丙胺（俗称冰毒），费某筹集 6500 元贩毒资金。2021 年 4 月 12 日至 5 月 24 日，费某等人共向 2 名吸毒人员贩卖甲基苯丙胺 11 次，总计重约 6 克。

被告人费某伙同杨某某、王某某贩卖毒品过程中，均是通过微信收取毒资。费某为掩饰资金来源及性质，要求被告人程某某帮其代为保管毒资，并安排程某某采取“小额多笔”的方式通过微信予以转回。2021 年 5 月 8 日开始，费某先后 4 次在收取毒资后，通过微信转给程某某共计 6800 元，后删除相关收款、转账记录。程某某在明知费某所转资金系毒资的情况下，仍予以接收和代为保管，并按费某要求，在短时间内又分成多笔通过微信转回给费某。

2021 年 7 月 5 日，蜀山区人民检察院对费某以涉嫌犯贩卖毒品罪、洗钱罪，程某某涉嫌犯洗钱罪提起公诉。蜀山区人民法院以被告人费某犯贩卖毒品罪判处其有期徒刑 5 年 3 个月，并处罚金 1.6 万元；以犯洗钱罪判处费某有期徒刑 6 个月，并处罚金 4000 元，决定执行有期徒刑 5 年 6 个月，并处罚金 2 万元。以被告人程某某犯洗钱罪判处拘役 5 个月，缓刑 8 个月，并处罚金 3000 元。一审判决已生效。

■ 主要问题

如何认定“自洗钱”行为？

■ 意见分析

□ 意见分歧

《刑法修正案(十一)》将洗钱罪法条中的“明知”修改为“为掩饰、隐瞒”,排除了“自洗钱”入罪的法律障碍,其是否修改了洗钱罪的主观认知,认定“自洗钱”时是否需要考虑行为人主观“罪错”?行为人出于把犯罪所得“洗白”的目的,实施了相应的转移、隐匿行为,但实际并未“洗白”的,能否认定为洗钱?在实践中往往存在较大的争议。

第一种意见认为,费某是为了不让丈夫发现自己的收入来源,而将收取的毒资转给朋友程某某代为保管,并不是为了向司法机关掩饰、隐瞒其贩毒所得资金的来源和性质,其主观上不具有“罪错”,不构成洗钱罪。

第二种意见认为,综合全案证据,可以认定费某在主观上具有掩饰、隐瞒其贩毒所得赃款的来源和性质的目的,实施了将所收取毒资转账给程某某代为保管的行为,虽删除了微信转账给程某某的记录,但在公安机关介入侦查后,相应的转账记录依然能够调取,资金的转出、转回路径很快查明,实际上并未达成掩饰、隐瞒毒资来源和性质的结果,故不能认定费某的行为构成洗钱罪。

第三种意见认为,费某基于将犯罪所得的赃款“洗白”的目的,将收取的毒资先转给程某某,再由程某某分多次小额转回。虽然资金的转移轨迹清晰,公安机关侦查后可以调取相应的转账记录查清资金的转出、转回路径,但“黑钱”已经完成“洗白”,仍属于洗钱行为,应当认定费某构成洗钱罪。

□ 意见评析

笔者同意第三种意见,理由如下。

第一,“自洗钱”应当具有掩饰、隐瞒其犯罪所得的主观过错。《刑法修正案(十一)》对《刑法》第一百九十一条的修改,并不代表修改了洗钱罪的主观认知,修订后的“为掩饰、隐瞒”与修订前“明知”的主观状态系同质化要求。“自洗钱”行为人主观上应当具有掩饰、隐瞒其犯罪所得资金来源和性质的目的才能构罪。

第二,可以结合上游犯罪和事后行为来判断行为人主观故意。费某是毒品犯罪正犯,直接实施了贩卖毒品的全部行为,当然明知其微信账户收取的资金是毒资,事后辩解将毒资转给朋友程某某代为保管,系担心被丈夫发现,明显与客观行为相冲突:一是费某通过微信收取毒资后,立即就转给程某某;二是在短时间内又要求程某某分成小额多次转回,有时转款与回款仅间隔几小时;三是费某删除了从吸毒人员处收款及转款给程某某的记录，却保留了收取程某某转回资金的记录。综合费某贩卖毒品收取毒资的行为和事后将毒资利用微信转出又转回的方式，可以认定费某的意图并非仅仅是为了向其丈夫隐瞒收入，而明显具有掩饰、隐瞒贩毒所得资金的来源和性质的主观故意。

第三，洗钱行为已构成洗钱罪。《刑法》第一百九十一条既对洗钱行为作了概括性归纳，又有具体行为方式列举。只要行为人明知是上游犯罪的违法所得及其收益，为掩饰、隐瞒其来源和性质，实施了客观构成要件行为，即构成洗钱罪。本案中，费某通过将收取的毒资转给程某某，程某某又化整为零多次小额转回，费某将转出的记录删除，在形式上将贩毒所得资金转换为朋友间往来资金，实现了“合法化”目的。虽然公安机关侦查后可以调取相应的转账记录查清资金的转出、转回路径，但洗钱已经完成，并不影响认定为刑法规定的洗钱行为。

（供稿：合肥市蜀山区人民检察院　黎　俊）

29. 黄某某、刘某某等 4 人贩卖、运输毒品、洗钱案

——洗钱犯罪与上游犯罪共犯的区分

■ 基本案情

2021 年 7 月 1 日至 20 日，被告人黄某某以牟利为目的，先后 7 次向他人非法销售或者以贩卖为目的而非法购入合成大麻素类毒品约 260 毫升。被告人刘某某明知黄某某贩卖的是毒品，仍驾驶车辆帮助其将毒品从安徽省宣城市运送至马鞍山市花山区、当涂县等地，并从中牟利。

被告人黄某某在贩卖毒品期间，按照约定将收取的毒资多次通过微信转账给被告人刘某某。刘某某明知黄某某所转资金系毒资，仍提供自己的微信、银行账户予以接收并代为保管，后又应黄某某要求，通过取现的方式将毒资转移给黄某某。

2022 年 1 月 21 日，当涂县人民检察院以黄某某、刘某某等涉嫌贩卖、运输毒品罪和洗钱罪提起公诉。2022 年 3 月 4 日，当涂县人民法院以黄某某犯洗钱罪判处拘役 3 个月，并处罚金人民币 5000 元，与贩卖、运输毒品罪并罚，决定执行有期徒刑 3 年 3 个月，并处罚金人民币 3 万元；以刘某某犯洗钱罪判处拘役 3 个月，并处罚金人民币 5000 元，与贩卖、运输毒品罪并罚，决定执行有期徒刑 1 年 8 个月，并处罚金人民币 1.5 万元。一审判决后，2 名被告人均未上诉，判决已生效。

■ 主要问题

如何区分洗钱犯罪与上游犯罪共犯？

■ 意见分析

□ 意见分歧

第一种意见认为,黄某某与刘某某事先共谋,将微信收取的毒资转账至刘某某账户,该行为应当认定为贩卖毒品的自然延伸,黄某某事后处置其犯罪所得的行为不构成洗钱罪。刘某某事后帮助黄某某转移毒资的行为,系共犯通谋,实质是上游犯罪的帮助犯。同时,洗钱罪本身作为一种下游犯罪,上游犯罪与洗钱罪存在想象竞合的情形,应从一重罪处罚。

第二种意见认为,黄某某向刘某某转账的行为发生在贩卖毒品获取毒资之后,此时黄某某已经完成了上游犯罪,其进一步实施的掩饰、隐瞒犯罪所得来源及性质的行为,属于"自洗钱"行为。刘某某与黄某某事先虽有协商、沟通行为,但刘某某明知所转款项是上游犯罪所得,并允诺事后对犯罪所得予以掩饰、隐瞒,此种"事前允诺"与"事先通谋"有本质区别,应当认定为洗钱罪。

□ 意见评析

笔者同意第二种意见,即认定黄某某、刘某某均构成洗钱罪。区分洗钱犯罪与上游犯罪共犯的关键是完整把握刑法规定的犯罪构成要件,坚持主观与客观相统一的刑事责任评价原则准确认定。洗钱罪是在上游犯罪已经完成,取得或者控制犯罪所得及其收益后实施的新的犯罪活动。在上游犯罪实施过程中的提供资金账户、接受资金等行为,属于上游犯罪的完成行为,是上游犯罪既遂的必要条件,不宜重复评价为洗钱行为。

第一,从实施掩饰、隐瞒的行为发生的时间节点准确区分两罪。无论是"自洗钱"还是"他洗钱",实施掩饰、隐瞒行为的介入时间应当在上游犯罪完成之后。洗钱犯罪的五种行为方式具有事后性、被动性的特征,因而洗钱行为的对象只能是犯罪所得及其收益,行为介入也应是上游犯罪获取犯罪所得之后,对上游犯罪结果的发生无实质作用或作用很小。因此,只有在上游犯罪完成后,行为人为掩饰、隐瞒犯罪所得及其收益的来源和性质实施的提供资金账户等行为,才成立洗钱罪。《刑法》第一百九十一条列举了上游犯罪。在司法实践中,可将上游犯罪所得及其收益产生的时间节点作为判断洗钱罪的时间起点,如毒品犯罪类的洗钱以贩毒人员取得毒资作为时间起点,受贿犯罪类的洗钱以受贿人取得贿赂款作为时间起点。本案中,黄某某和刘某某二人实施掩饰、隐瞒犯罪所得及其收益的来源和性质的行为均在黄某某已取得毒资即上游毒品犯罪完成后。因此,黄某某、刘某某的行为属于洗钱犯罪行为。

第二,从通谋内容准确区分"事先通谋"与"事后帮助"。洗钱罪是上游犯罪的下游犯罪,与共同犯罪的帮助犯在认定上容易混淆。司法实践中常常遇到行为人在上游犯罪实施过程中协商,允诺为犯罪所得提供资金账户或者事后予以掩饰、隐瞒。对于此种情形如何认定,不能一概而论,应根据通谋的具体内容加以区分。如仅就上游犯罪的实施手段、人员分工等内容进行谋划,未超出共同犯罪的意志因素和犯罪构成,仍应当认定为上游犯罪的共犯;如协商的内容仅限于事后对犯罪所得予以掩饰、隐瞒,此种协商看起来是一种分工,实则已超出上游犯罪的实行行为范畴,属于"事后帮助",应当作为下游犯罪予以评价。① 本案中,刘某某事前与黄某某达成协议,事后为掩饰、隐瞒黄某某犯罪所得提供自己的微信及银行账户,客观上实施了《刑法》第一百九十一条规定的犯罪行为,主观上亦具有掩饰、隐瞒犯罪所得的目的,符合洗钱罪的构成要件。

第三,从事后处置行为的主观故意准确区分能否构成"自洗钱"。在《刑法修正案(十一)》实施之前,自洗钱者之所以不构成洗钱罪,并不是因为行为未侵犯新的法益,而是因缺乏期待可能性。但在《刑法修正案(十一)》删除"协助""明知"之后,期待可能性的判断还须结合洗钱参与者的违法性认定来考虑。② 并非所有事后处置犯罪所得及其收益的行为都是洗钱行为,要从处置行为的主观故意是否具有掩饰、隐瞒犯罪所得及其收益的特征来判断期待可能性。上游犯罪行为人取得或者控制犯罪所得后进一步处置资金,如果仅仅用于日常消费或归还借款等,则不具有掩饰、隐瞒特征,仍属于事后不可罚行为,应当排除在洗钱罪之外。本案中,黄某某和刘某某之间没有债务纠纷以及其他经济往来,黄某某在取得毒资后,多次通过微信将毒资转给刘某某,再由刘某某至银行取现将资金转移给黄某某的行为,则具有明显的掩饰、隐瞒毒资来源的主观故意,因此构成"自洗钱"。

(供稿:马鞍山市当涂县人民检察院　张祖琴)

---

① 参见孙静松:《依据"通谋"区分洗钱犯罪与上游犯罪共犯》,载《检察日报》2021 年 9 月 24 日,第 3 版。

② 参见汪恭政:《自洗钱入罪后洗钱罪共同犯罪的认定——以犯罪参与体系为切入》,载《河南财经政法大学学报》2022 年第 3 期。

30. 张某某受贿、徇私舞弊减刑案

——受贿数额是否应当扣除“出资应得收益额”

■ 基本案情

2013 年至 2017 年，张某某在某监狱第六监区任党支部副书记时，服刑人员郎某某为了得到张某某在服刑期间生活、劳动上的关照，向张某某提出“借款付息”的建议，并安排其亲友徐某某、贺某某在并无资金需求的情况下向张某某借款，安排亲友代为支付高额利息，并承诺出狱后归还利息。在郎某某的安排下，张某某将 15 万元本金先后转账至郎某某指定的亲友账户，先后收受利息款合计人民币 35.41 万元。其间，张某某明知服刑人员郎某某存在打架斗殴、不参加生产劳动的情形，明知郎某某不符合减刑条件，仍利用职务之便，徇私舞弊，为不符合减刑条件的郎某某报请减刑两次。

本案由潜山市监察委员会、潜山市人民检察院第一检察部侦查终结，以张某某涉嫌受贿罪、徇私舞弊减刑罪，向潜山市人民检察院移送审查起诉。潜山市人民检察院于 2020 年 6 月 4 日向潜山市人民法院提起公诉。潜山市人民法院作出一审判决，在认定受贿数额时扣除出资应得收益额 11.55 万元。潜山市人民检察院认为一审判决认定受贿事实错误，适用法律错误，导致量刑畸轻，提出抗诉。安庆市人民检察院支持抗诉。安庆市中级人民法院二审采纳了安庆市人民检察院的抗诉意见，加重原审被告人张某某的刑罚。

■ 主要问题

本案中，张某某收受朗某某贿赂的犯罪数额，是否应当扣除所谓的“出资应得收益额”？

意见分析

第一,张某某的行为系以“借款收息”为名,行受贿犯罪之实,其与徐某某、贺某某之间并非普通的民间借贷和委托理财关系。张某某与服刑人员郎某某之间是监管与被监管的关系,张某某利用职务之便对郎某某在服刑期间的生活、劳动、减刑方面予以关照。郎某某为了感谢张某某的关照并希望在服刑中继续得到关照,便以帮助张某某对外借款的名义,实际由自己安排人员代付高额利息的方式,向张某某行贿。整个“借款付息”的流程和细节都是郎某某一手操控,资金借款人在并无借款需求的情况下向张某某借款,且最终支付高额利息的人也是郎某某,因此,借款人和张某某之间并不存在真实的借贷关系。张某某在明知郎某某希望自己利用职务之便对其关照,且郎某某并非借款使用人、承诺利息明显偏高的情形下,仍以“借款收息”的名义收受郎某某财物,其行为已经显现了权钱交易的本质,实则是以借款付息为名,行接受贿赂之实。该案整个过程并不存在民间借贷和委托理财关系,不属于最高人民法院、最高人民检察院《关于办理受贿刑事案件适用法律若干问题的意见》第四条规定的理财范畴,也不应适用民间借贷关于合法利息保护的标准。因此,张某某收受郎某某的35.41万元中,并不存在任何应得收益,应当全额认定为受贿犯罪数额。

第二,对张某某收受郎某某贿赂的事实应作整体、实质性评价。从原审被告人张某某收受郎某某贿赂的整个过程可以看出,收受贿赂的形式从开始的现金转为后来的“借款付息”,整个过程是一个动态、连贯的受贿过程,改变的仅仅是收受财物的形式,而权钱交易的本质并未发生改变,故应作整体、实质性评价。借款仅仅是行受贿双方假借的名义,应当透过现象看本质。本案中,张某某明显是与郎某某共同制造了一种“借贷”的假象,本质是利用职务之便行受贿之实。如同索贿犯罪中的“以借为名”并不影响受贿犯罪事实和数额的认定一样,张某某的行为应当作整体评价,认定为受贿罪。张某某收受郎某某的35.41万元,都应当认定为受贿犯罪数额。

第三,职务犯罪案件办理需揭开“变相受贿”面纱,警惕“隐性腐败”。随着经济社会的发展变化,贪污贿赂型犯罪不断出现新形式、新特点,行为人往往打着“民间借贷”的幌子,变相受贿甚至索贿,作案手段更加隐蔽,方式更加复杂,但其权钱交易的本质没有改变,严重影响公权力的正确行使并侵害公权力的廉洁性。本案中的犯罪行为是受贿罪在现实社会中“进化”“升级”后的新的典型体现。检察机关在办案实践中应充分履行职责,挖掘事实真相,揭开遮掩面纱,严惩各类贪腐行为。

（供稿:安庆市人民检察院　徐　婷）

刑事执行案件部分

1. 罪犯聂某某假释监督案

——对罪犯有无再犯罪危险的评估判断

基本案情

罪犯聂某某，男，1973 年 2 月 20 日出生。2012 年 12 月 10 日因犯故意伤害罪被淮南市中级人民法院判处无期徒刑，剥夺政治权利终身；赔偿附带民事诉讼原告人陶某某等人经济损失 2 万元。被告人聂某某不服判决，提出上诉。2013 年 5 月 16 日，安徽省高级人民法院二审改判聂某某有期徒刑 13 年，剥夺政治权利 3 年。自 2013 年 8 月 6 日起，聂某某服刑于安徽省宿州监狱，服刑期间执行刑期变动情况：2016 年 12 月 27 日，经安徽省宿州市中级人民法院裁定减去有期徒刑 1 年 2 个月，剥夺政治权利 3 年不变；2018 年 12 月 7 日，经安徽省宿州市中级人民法院裁定减去有期徒刑 5 个月，剥夺政治权利 3 年不变，减刑后刑期至 2023 年 2 月 6 日。

2020 年 5 月，宿州市人民检察院在日常监督中发现，罪犯聂某某既符合减刑条件又符合假释条件，监区征求罪犯本人意见后拟对其提请减刑。检察人员集体研究后，建议监狱按照假释提请程序开展相关后续工作。安徽省宿州监狱采纳了检察机关的意见，向宿州市中级人民法院提请假释。2020 年 10 月 26 日，宿州市中级人民法院依法开庭审理罪犯聂某某假释案，依法对罪犯聂某某裁定予以假释。2023 年 2 月 6 日，罪犯聂某某假释期间未犯罪，顺利解矫。

主要问题

如何认定假释案件办理中罪犯“没有再犯罪的危险”？

■ 意见分析

假释制度是附条件提前释放的一项刑罚变更执行制度,我国刑法对假释的实质性条件作出了概括性规定,即“没有再犯罪的危险”。因其概括性和难以预测性,“没有再犯罪的危险”的评估判断,一直是司法实践中的难点。笔者认为,假释中再犯罪危险性不能作单一评价,应该是结合原判刑罚、罪犯改造表现、监管条件等诸多因素进行综合评价。结合本案,具体可以从以下三个方面把握。

第一,从原案的犯罪与量刑考量再犯罪危险。我国刑法对假释设定了禁止性条件,即对累犯以及因故意杀人、强奸、抢劫、绑架等暴力性犯罪被判处10年以上有期徒刑、无期徒刑的犯罪分子,不得假释。该规定体现了假释实质性条件对犯罪与量刑因素的基本考虑。判断罪犯是否有再犯罪危险,首要应当考量罪犯的罪行与量刑。一是从主观故意、犯罪行为、危害结果、犯罪形态以及具体情节等进一步考量。聂某某原案为故意伤害案,因邻里纠纷引起,聂某某持叉子刺伤被害人肩膀,被害人住院近3个月后因并发症治疗无效死亡。虽然是故意犯罪,但属于偶发、激情犯罪,主观恶性较小。二是从量刑的幅度、情节等进行考量。聂某某虽于案发后潜逃,但能主动投案自首,具有法定从轻或减轻情节。原判刑罚13年系致人死亡的加重结果导致量刑升档。一审判决的财产性判项附带民事赔偿2万元,二审期间,聂某某家人主动代为赔偿18万元,被害人家属出具了谅解书。从原案的罪行与量刑因素考量,聂某某再犯罪风险较小。

第二,从刑罚的特殊预防考量再犯罪危险。刑罚的特殊预防是通过刑罚执行的威慑、保安与再社会化功能,实现预防犯罪分子再次犯罪的目的。罪犯在监管场所接受一定时间的刑罚改造,从思想到行为进行矫治,确有悔改表现是判断其“提前”进入社会有无再次犯罪风险的关键。应当坚持主客观改造表现并重,从劳动改造、监管改造、思想改造等方面进行考量。本案中,通过询问罪犯本人、互监组罪犯、监管民警等人,查阅原案判决书、减刑裁定书、日常计分考核台账等材料,证实聂某某自2013年8月投入安徽省宿州监狱执行刑罚以来,已执行刑期二分之一以上,真诚认罪悔罪,遵守法律法规及监规,积极接受教育改造,积极参加生产劳动,思想比较积极向上,与同犯相处融洽,一贯表现良好。先后于2016年12月、2018年12月分别被裁定减刑1年2个月、5个月。自上次减刑以来共计获得4次表扬奖励,证明其确有悔改表现。从刑罚的特殊预防角度考量,聂某某再犯罪风险较小。

第三，从社区可控因素考量再犯罪风险。假释的目的是让罪犯能够在社区矫正机构的监督下回归社会生活，相较于减刑释放，假释释放具有逐步融入社会的优势。同时，假释的附条件“提前”释放也对社区可控因素提出了更高要求。因此，判断罪犯的再犯罪风险还应当考量社区可控因素，即考量罪犯的生理状况、性格特征以及释放后的家庭支持程度、监管条件等。聂某某案发后化名潜逃至上海市松江区郊区农村，与当地女子金某结识组建家庭，并育有两女。投案前，聂某某与妻子协商办理了离婚手续。在聂某某入监服刑期间，妻子、女儿经常通过亲情会见和亲情电话进行沟通。家庭成员对其接受度较高，家庭关系融洽，有利于支持其融入社会。聂某某投案前与妻女共同居住的上海市松江区郊区农村自建房已拆迁并重新安置，有稳定的住所。前妻至今未再嫁，家庭有稳定收入，并表示待聂某某出狱后考虑与其复婚共同生活，愿意做其担保人。上海市松江区司法局经评估认为聂某某符合在辖区接受社区矫正的条件。

假释制度有利于罪犯重返社会，有利于节约司法资源，但假释“没有再犯罪的危险”的判断与评估错综复杂，具有较大的办案风险，故而实践中假释的适用率持续多年偏低，亟须监、检、法的沟通与配合。刑罚执行机关应当重视收集与固定罪犯在监管改造活动中相关表现的证据，对同时符合减刑与假释条件的优先适用假释。检察机关应当注重对监管改造、假释提请、假释矫治案件的监督。审判机关应当勇于担责，充分考量与判断假释的适用。如此，监、检、法共同推动提高假释适用率，让更多符合条件的罪犯回归社会，共同促进社会和谐稳定与国家长治久安。

（供稿：宿州市人民检察院　潘明辉）

2. 张某某等4人申诉财产刑执行违法监督案

——对重复执行财产刑的违法行为，如何监督纠正

■ 基本案情

罪犯张某某、黄某某、高某、邵某某原均系怀远县龙亢镇姚湾村卫生所医生。2017年12月，4人因犯贪污罪被怀远县人民法院判处不等有期徒刑，分别并处罚金人民币13万元的刑罚，对共同违法所得112140.1元予以追缴，上缴国库。判决时，张某某等4人违法所得已全部退缴，分别已缴纳罚金10万元。2018年4月至6月，经怀远县人民检察院监督，怀远县人民法院将4人分别剩余3万元罚金、合计12万元也已分别执行到位。

2022年7月，怀远县人民法院将已经执行完毕的上述4人退缴的违法所得112140.1元和已分别缴纳的3万元罚金再次移送立案执行，并冻结4人银行存款。4人向怀远县人民法院申诉要求撤销冻结财产，该院未予采纳，遂申请检察机关予以监督。2022年9月，怀远县人民检察院受理4人申诉，经调查核实后，向怀远县人民法院发出纠正违法通知书，怀远县人民法院予以采纳。

■ 主要问题

法院对罪犯已执行完毕的财产刑执行案，未以执行完毕方式而是以终结执行方式结案，并再次重复执行，检察机关应当如何纠正？

■ 意见分析

笔者认为，对罪犯已经执行完毕的财产刑执行案，法院错误地以终结执行的方式结案，并再次重复执行的行为，检察机关应当从以下几个方面着手予以监督

纠正。

第一,全面查清财产刑执行案件的判决情况、执行情况。经调阅该案 2017 年刑事判决书、2018 年执行卷宗、2022 年执行案件卷宗和相关缴款凭证以及询问涉案当事人等,检察机关查明:2018 年,怀远县人民法院对张某某等 4 人贪污案在已执行完毕的情况下,执行案件未以执行完毕方式结案,且并未向当事人发放执行完毕通知书,而是以终结执行方式结案。2018 年,怀远县人民法院向 4 人分别收取执行费 350 元;2022 年 7 月,怀远县人民法院违法冻结了 4 人的银行存款。

第二,发挥检察一体化优势,共同研判对法院重复执行行为进行监督的法律依据。为准确界定对财产刑执行案件违法执行监督纠正的法律适用,怀远县人民检察院刑事执行检察部门与民事检察部门召开检察官联席会议共同研判。最高人民法院《关于刑事裁判涉财产部分执行的若干规定》第七条第二款规定:“移送立案应当提交生效裁判文书及其附件和其他相关材料,并填写《移送执行表》。《移送执行表》应当载明以下内容:……(三)随案移送的财产和已经处置财产的情况……”本案中,法院审判部门在将 4 人财产刑再次移送执行时,未按规定在《移送执行表》载明涉案财产的真实处置情况。最高人民法院办公厅给国家发改委办公厅《关于人民法院可否收取刑事案件涉财产执行诉讼费有关问题的复函》(法办函〔2017〕19 号)中明确提出,刑事裁判涉财产部分执行不同于民事执行,人民法院办理刑事裁判涉财产部分执行案件,不应收取诉讼费。本案中,法院向 4 人分别收取执行费 350 元明显违反上述规定。

第三,强化监督纠正说理,规范法律文书用语。根据《关于执行案件立案、结案若干问题的意见》(以下简称《意见》),“执行完毕”和“终结执行”系执行案件六种结案方式中的两种,但《意见》对如何适用这两种结案方式的规定,均为某某情形可以“执行完毕”或“终结执行”方式结案,将适用何种方式结案的权利赋予承办法官。针对 2018 年执行案件中,法院以“终结执行”方式而非“执行完毕”方式结案,怀远县人民检察院通过引用《意见》的罗列式规定,对可以“执行完毕”或“终结执行”方式结案的情形进行对比分析,得出“本案已执行完毕,适用‘执行完毕’方式比适用‘终结执行’方式结案更为适宜”的结论,说理充分,用语规范得当,得到法院的认可。

（供稿:蚌埠市怀远县人民检察院　于本修　王光巨）

3. 张某暂予监外执行案

——非法获得的保外就医刑满后应否撤销收监执行

■ 基本案情

罪犯张某，男，1969 年 12 月 19 日出生。1999 年 1 月 26 日，江苏省南京市中级人民法院以张某犯盗窃罪，私藏枪支、弹药罪，判处无期徒刑，剥夺政治权利终身，没收个人财产人民币 10 万元。1999 年 3 月 16 日，张某被送入江苏省无锡监狱服刑。1999 年 7 月 28 日，张某被调入安徽省宿州监狱服刑，其间，多次减刑。2009 年 2 月 12 日，安徽省宿州监狱以罪犯张某患脑血管瘤并发脑出血，提出保外就医建议。2009 年 2 月 25 日，安徽省监狱管理局批准罪犯张某保外就医 6 个月。张某后经多次续保，至 2013 年 12 月 22 日刑满。

为张某办理保外就医的两名司法工作人员分别是安徽省宿州监狱 03 医院原主治医生兼安徽省宿州监狱司法医学鉴定小组原成员孙某、安徽省宿州监狱医院原医生兼安徽省宿州监狱医院疾病鉴定委员会原成员丁某（二人分别于 2015 年 11 月、2016 年 7 月因犯徇私舞弊暂予监外执行罪被判处刑罚）。

2021 年 5 月 13 日，安徽省人民检察院向安徽省监狱管理局制发皖检纠暂〔2021〕1 号《纠正不当暂予监外执行决定意见书》，6 月 23 日该局作出《关于撤销宿州监狱张某保外就医决定的决定》，同时作出皖狱刑暂收字〔2021〕12 号《暂予监外执行收监决定书》，对张某执行收监。

■ 主要问题

罪犯通过贿赂相关司法工作人员，以虚假疾病证明材料被非法暂予监外执行。刑满后，该罪犯暂予监外执行的决定是否应当被撤销，罪犯是否应当被重新收监执行？

■ 意见分析

笔者认为，对于不符合暂予监外执行条件的罪犯通过贿赂等非法手段被暂予监外执行的，即使刑满后也应当撤销暂予监外执行决定，重新收监执行。具体理由如下。

第一，罪犯张某不符合暂予监外执行条件，系通过非法手段被暂予监外执行的。经查，孙某、丁某收受罪犯张某亲属送的钱款和物品后，在带领张某至宿州市立医院进行医学检查时，采取"调包"的方式，将张某在宿州市立医院所做脑部核磁共振检查结果单据交给张某家属，使用张某家属提供的其他脑血管瘤病人检查结果单据，冒充张某的检查结果单据，作为保外就医鉴定依据，致使张某被鉴定为患有严重疾病而被保外就医。张某实际并不符合暂予监外执行条件，其通过贿赂等非法手段被暂予监外执行。

第二，即使刑满，也应当纠正张某非法获得的暂予监外执行。根据《刑事诉讼法》第二百六十七条的规定，人民检察院认为暂予监外执行不当的，应当自接到通知之日起1个月以内将书面意见送交决定或者批准暂予监外执行的机关。本案暂予监外执行相关法律文书送达已超过1个月期限。但本案并非普通的暂予监外执行不当，而是罪犯通过非法手段获取的暂予监外执行。根据最高人民法院、最高人民检察院、公安部、司法部在政法队伍教育整顿期间的有关政策解答，本案属于必须依法予以纠正的情形。同时，根据《刑事诉讼法》第二百六十八条的规定，不符合暂予监外执行条件的罪犯通过贿赂等非法手段被暂予监外执行的，在监外执行期间不计入执行刑期。因此，罪犯张某的暂予监外执行期间不计入执行刑期，即张某的刑罚尚未执行完毕却逍遥法外，其非法被暂予监外执行应当予以纠正。检察机关作为国家法律监督机关，负有监督刑罚是否正确执行的责任，应当及时向有关单位提出纠正意见。

第三，检察机关提出纠正应准确制发法律文书。一是制发的主体是省级人民检察院。监狱服刑罪犯的暂予监外执行，由监狱审查同意后提请省级以上监狱管理机关批准。因此，检察机关的书面纠正意见，应当由省级人民检察院向暂予监外执行的批准机关省监狱管理局提出。二是制发的文书种类以纠正意见书为宜。根据《人民检察院刑事诉讼规则》第六百二十四条和《人民检察院检察建议工作规定》第九条的规定，本案不属于制发检察建议的范围。根据《人民检察院刑事诉讼规则》第五百五十二条的规定,纠正违法通知书是针对刑事诉讼活动中情节较重的违法行为提出,而不能针对暂予监外执行决定的内容提出,本案也不适宜制发纠正违法通知书。本案最终通过制发《纠正不当暂予监外执行决定意见书》提出书面纠正意见。

第四,依法应当对张某收监执行。提出纠正和收监执行是两个不同阶段、不同概念。检察机关提出纠正后,由执行机关负责纠正。将罪犯收监执行,是对不当暂予监外执行纠正的常见结果,但并非唯一结果。特别是对在政法队伍教育整顿期间发现的一些年代久远的案件,最高人民法院、最高人民检察院、公安部、司法部在有关政策解答中也规定了根据具体情形可以采取的多种处理方式。对本案来说,因罪犯不符合暂予监外执行条件,具有行贿等严重违法情形,社会影响恶劣,应当制作收监执行决定书,撤销原暂予监外执行决定,将罪犯收监执行。

(供稿:安徽省人民检察院　彭　均)

4. 罪犯张某某刑期计算监督案

——服刑期间发现漏罪数罪并罚后的刑期扣减

■ 基本案情

张某某，男，1988年2月2日生。2006年6月1日，张某某因强奸罪被阜阳市中级人民法院判处无期徒刑，剥夺政治权利终身。张某某提出上诉，安徽省高级人民法院于2006年8月28日裁定维持原判。同年10月，张某某被送至安徽省阜阳监狱服刑。张某某服刑期间认真遵守监规，接受教育改造。2009年2月12日，安徽省高级人民法院裁定减为有期徒刑18年6个月，剥夺政治权利改为5年。2011年5月26日，阜阳市中级人民法院裁定减去有期徒刑2年。2012年12月6日，张某某因漏罪（强奸罪）被阜阳市中级人民法院判处有期徒刑11年，与原判无期徒刑并罚，决定执行无期徒刑，剥夺政治权利终身。张某某上诉，安徽省高级人民法院于2013年3月18日裁定维持原判。2015年9月8日，张某某经安徽省高级人民法院裁定减为有期徒刑20年，剥夺政治权利5年，减刑后刑期自2015年9月8日起至2035年9月7日止。2018年4月25日，张某某经阜阳市中级人民法院裁定减去有期徒刑8个月，减刑后刑期自2015年9月8日起至2035年1月7日止。

2019年9月，安徽省人民检察院收到张某某及其亲属的信访信件，反映其刑期计算存在错误，申请依法予以监督。安徽省人民检察院调取了该犯原始档案材料和卷宗，对其历次减刑逐一进行审查，发现2015年9月8日安徽省高级人民法院对新判决的无期徒刑减为有期徒刑时，未将其原判决已经实际执行的刑期在减刑裁定决定执行的刑期内扣减。2020年2月，经安徽省人民检察院检察建议，安徽省高级人民法院重新组成合议庭对该案进行审理，并于2020年6月22日作出裁定,对张某某前罪无期徒刑生效之日起至新判决生效之日止已经实际执行的刑期予以扣减。

■ 主要问题

2017 年 1 月 1 日,即最高人民法院《关于办理减刑、假释案件具体应用法律的规定》(以下简称《规定》)施行之前,被判处无期徒刑的罪犯在减为有期徒刑后,因发现漏罪,依据刑法数罪并罚,决定执行无期徒刑的,前罪已实际执行的刑期,在新判决的无期徒刑减为有期徒刑时,是否应当扣减?

■ 意见分析

□ 意见分歧

第一种意见认为,罪犯张某某新判决无期徒刑减为有期徒刑的时间为 2015 年 9 月 8 日,发生在《规定》施行之前,不适用该规定。而且,最高人民法院有关具体个案的请示答复不具有普遍法律效力。因此,罪犯张某某已执行刑期不应予以扣减。

第二种意见认为,最高人民法院有关具体个案答复,已明确将罪犯原判决已经实际执行的刑期,在决定减刑时计入新判决的无期徒刑的实际执行刑期。虽然张某某新判决无期徒刑减为有期徒刑的时间发生在《规定》施行前,但有关答复精神与《规定》一致,可以参照《规定》执行,对其已执行刑期应予以扣减。

□ 意见评析

笔者同意第二种意见。2015 年 9 月 8 日,对张某某新判决的无期徒刑减为有期徒刑,虽然发生在《规定》施行前,但其前罪已实际执行的刑期,可以扣减。具体理由如下。

第一,对同类个案的答复精神具有参考意义。最高人民法院 2007 年 8 月 11 日作出〔2006〕刑监他字第 7 号答复,明确将罪犯第一次减为有期徒刑 18 年之后至漏罪判决之间已经执行的刑期予以扣除。最高人民法院 2013 年 3 月 21 日作出〔2012〕刑监他字第 17 号答复,明确将罪犯原判决已经实际执行的刑期,在决定减刑时,计入新判决的无期徒刑的实际执行刑期。上述答复虽然不属于司法解释,但对于同类案件裁判具有参考意义。张某某减刑案发生在上述答复之后,属于同类案件,为保持司法裁判的统一尺度与稳定性,应当参考以上答复精神。

第二,现行司法解释的规定与答复精神一致。《规定》第三十七条第一款规定:“被判处无期徒刑的罪犯在减为有期徒刑后因发现漏罪,依据刑法第七十条规定数罪并罚,决定执行无期徒刑的,前罪无期徒刑生效之日起至新判决生效之日止已经实际执行的刑期,应当在新判决的无期徒刑减为有期徒刑时,在减刑裁定决定执行的刑期内扣减。”《规定》第三十七条第一款的内容与答复精神是一致的,也就是说,罪犯在服刑期间发现漏罪判决无期徒刑的,其实际执行的刑期可以扣减。

第三,可以参照现行司法解释的规定执行。张某某新判决的无期徒刑减刑发生在《规定》施行之前,根据法不溯及既往的原则,不能直接适用《规定》。但《规定》第三十七条第一款的内容与答复的精神是一致的,其实质均是维护罪犯人身权益,激励罪犯积极改造。从有利于罪犯原则出发,可以参照《规定》的精神执行,对张某某前罪无期徒刑生效之日起至新判决生效之日止已经实际执行的刑期予以扣减。

（供稿:安徽省人民检察院　袁　韬）

5. 米某某请假从事经常性跨省航运活动监督案

——请假外出的合理性与再犯罪风险的认定

■ 基本案情

社区矫正对象米某某，与其父、叔、弟 4 人共同经营自建的“兴宇号”大型货轮，在长江航道从事货物运输。2021 年 6 月 4 日，4 人因购买运输销售非法开采的海砂，被上海铁路运输法院以非法采矿罪分别判处刑罚。其中，米某某被判处有期徒刑 2 年，宣告缓刑 2 年。社区矫正期间，米某某多次向怀远县司法局社区矫正大队请假申请从事经常性跨省航运活动，均未获批准，遂向怀远县人民检察院申请法律监督。

怀远县人民检察院依法对怀远县司法局不批准米某某请假从事经常性跨省航运活动案开展监督。经公开听证，提出批准米某某请假从事经常性跨省航运活动的检察建议。2022 年 1 月 21 日，怀远县司法局采纳了检察建议，批准米某某请假从事经常性跨省航运活动 2 个月，后又根据米某某的实际表现再次批准其外出 4 个月、6 个月。

■ 主要问题

米某某是否属于涉民营企业社区矫正对象，请假外出的再犯罪风险与批准请假的合理性如何把握？

■ 意见分析

□ 意见分歧

第一种意见认为，米某某经营的货轮挂靠于某航运公司。因此，米某某属于务工人员,不能适用服务保障涉民营企业的有关政策。若批准其请假利用货轮航运,难以有效监管,存在再犯罪风险。根据《沪苏浙皖社区服刑人员外出管理办法(试行)》(以下简称《外出管理办法》)之规定,即使批准其请假,活动范围也应限定在相邻县(市、区),不宜扩大至其他省份。

第二种意见认为,米某某系货轮的实际经营者,属于涉民营企业社区矫正对象。经综合评估,米某某请假外出的再犯罪风险较小,批准其请假从事经常性跨省航运活动有利于化解多方矛盾,确有合理性。

□ 意见评析

笔者同意第二种意见,理由如下。

第一,米某某属于涉民营企业社区矫正对象。米某某一家经营的货轮系米某某与其父、叔等共同出资自建,建成后挂靠于航运公司,但仍由米某某等人自行经营管理,米某某等人系货轮的实际所有者、经营者。因此,应当将米某某认定为涉民营企业社区矫正对象,可以对其适用服务保障民营经济检察政策和社区矫正政策。

第二,米某某请假外出的再犯罪风险较小。首先,米某某在原案中系初犯、从犯,主观恶性较小,且自愿认罪认罚。其次,原案发生地是在福建东南沿海地区,米某某请假外出的区域是长江航道,再次购买运输销售非法开采的海砂的可能性相对较小。最后,米某某入矫以来,服从管理,积极改造,表现一贯良好。综上,米某某外出再犯罪的可能性不大。

第三,准予米某某外出有利于减少对涉案企业等多方的影响。米某某等人为自建货轮,举债1000余万元,除需定期偿还民间借款外,每月还需偿还银行贷款9万余元。案发前,米某某等人靠货轮营运收入偿还借款。案发后,因米某某等人均被判处刑罚,货轮一直停运,为偿还债务,米某某等人已变卖房产,仍然杯水车薪,经济压力很大。同时,货轮挂靠的航运公司基于担保责任,不得不为米某某等人偿还贷款,银行也对该笔借款能否按期收回存在担忧。因此,米某某请假外出能让货轮重新投入运营、实现经济效益,有效化解因货轮无人经营导致的多方矛盾。

第四,米某某请假外出范围可以扩大到长江航道的外省航段。《外出管理办法》第六条第一款规定:"社区服刑人员因生活、工作、学习等需要,其活动范围可以扩大至与居住地相邻的1到2个县(市、区)。"但航运行业本身具有跨地域的特殊性,活动范围不能机械适用该条款。本案中,米某某等人经营的货轮长100余米、深8米、满载排水量15000余吨，不适宜在流经本地的淮河内航运，更适宜在长江从事大宗商品航运。解读《社区矫正法》第二十七条中“对于因正常工作和生活需要经常性跨市、县活动的，可以根据情况，简化批准程序和方式”的规定，立法主要是为了帮助社区矫正对象解决正常工作和日常生活中遇到的实际困难，使其更好地回归社会。《外出管理办法》是对《社区矫正法》的补充，不能背离《社区矫正法》的立法目的。因此，在准许米某某经常性跨市、县活动的同时，还应当根据米某某航运经营的实际情况，适当扩大其活动区域范围，准许其在长江航道湖南至江苏段从事经常性跨省航运活动。

（供稿：蚌埠市怀远县人民检察院　张培远　路宇扬）

6. 李某减刑监督案

——罪犯提供虚假家庭经济情况证明能否减刑

■ 基本案情

罪犯李某,男,1961 年 5 月 25 日出生。2020 年 6 月 4 日因合同诈骗罪被郎溪县人民法院判处有期徒刑 7 年,罚金 70 万元,刑期自 2019 年 8 月 8 日至 2026 年 8 月 7 日。李某于 2020 年 8 月 25 日被投送安徽省九成监狱管理分局执行刑罚。

2022 年 5 月 16 日,安徽省九成监狱管理分局认为罪犯李某确有悔改表现,获得 3 次表扬,对该犯报请减刑 7 个月,向九成坂人民检察院征求意见。九成坂人民检察院审查发现该犯罚金 70 万元未履行,狱内消费月均 307 元。郎溪县民政局出具了该犯家庭经济情况证明,证明其妻子患病,儿女无正式工作,家庭经济情况非常困难。但该犯判决书则显示该犯捕前系郎溪县 A 旅游度假管理公司法人代表,占公司全额股份,在郎溪县涛城镇投资房地产开发,其儿子、女婿均参与公司经营,另审查发现该犯个人名下有两处固定房产。该证明材料与判决书认定及审查发现的相关事实存在矛盾。

2022 年 6 月 8 日,九成坂人民检察院赴李某户籍地郎溪县对其财产性判项履行能力展开实地调查,查明李某提供虚假家庭经济情况证明。经检察机关建议,安徽省九成监狱管理分局撤销对李某减刑报请,同时对其不积极履行财产刑、故意提供虚假家庭经济情况证明的违纪行为予以处罚。

■ 主要问题

罪犯故意提供虚假的家庭经济情况证明能否减刑?

■ 意见分析

笔者认为,减刑制度是我国刑罚执行制度的重要组成部分,人民检察院应当严格审查减刑案件的实体条件,确保案件办理公平、公正。对于罪犯未履行或者未全部履行财产性判项的,应当对其财产性判项履行能力进行实质化审查。本案中,李某具备完全履行财产性判项能力,故意提供虚假家庭经济情况证明,不能认定其具有悔改表现,不应当予以减刑。

第一,李某的行为属于故意提供虚假的家庭经济情况证明。针对家庭经济情况证明存在的疑点,九成坂人民检察院分别赴郎溪县公安局、县市场监督管理局、县不动产管理中心、县民政局开展调查核实。经调查发现,李某占个人全额股份的郎溪县 A 旅游度假管理公司(注册资金 500 万元)仍在经营,公司有大量开发待售的房产;其本人是郎溪县 B 国际大酒店有限公司的大股东(注册资金 1500 万元,个人占股 50%),该公司仍在经营中。儿子李小某是安徽省 C 置业有限公司(注册资金 800 万元)的法人代表,是公司最大股东,目前该公司也在经营中。李某家庭实际经济状况良好,与“家庭经济情况非常困难”严重不符。经向郎溪县民政局经办人蒋某飞核实,罪犯李某的哥哥李某才系民政局退休干部,向其请托出具家庭经济情况证明,碍于李某才过去系其领导,蒋某飞对李某才提供的材料未予核实便签字盖章,玩忽职守出具了虚假的家庭经济情况证明。罪犯李某对于自己及家庭成员的经济状况当然明知,在减刑申报过程中,明知该家庭经济情况证明与真实经济状况不符,依然经由亲属向监狱提供虚假的家庭经济情况证明,其行为属于故意提供虚假证明。

第二,李某具备全部履行财产性判项能力而不履行,从严后不符合减刑条件。李某及其家庭成员实际经济状况良好,足以履行罚金 70 万元,但刑事判决生效后,李某入监服刑 1 年多,始终未主动缴纳罚金,其亲属也未代为履行,属于具备全部财产性判项能力而不履行。李某被判处有期徒刑 7 年,执行 1 年 6 个月以上,获得 3 次表扬,本应适用最高人民法院《关于办理减刑、假释案件具体应用法律的规定》第六条之规定,即被判处 5 年以上不满 10 年有期徒刑的,应当执行 1 年 6 个月以上方可减刑。但其属于确有履行能力而不履行生效裁判中财产性判项的情形,应当从严适用该规定第七条“执行二年以上方可减刑”以及《安徽省办理减刑、假释案件实施细则》第十五条中规定“确有履行能力而不履行或者不全部履行生效裁判中财产性判项的罪犯,被判处不满十年有期徒刑的,应当执行二年以上,且获得 4 次表扬，方可减刑”，故李某减刑起始时间为 2 年，表扬次数应达到 4 次，李某均不符合。

第三，李某隐瞒财产，不履行财产性判项，不能认定具有悔改表现。最高人民法院、最高人民检察院、公安部、司法部《关于加强减刑、假释案件实质化审理的意见》要求准确把握减刑、假释案件实质化审理的基本要求。对罪犯是否可以减刑，应坚持主客观改造表现并重，既要注重审查罪犯劳动改造、监管改造等客观方面的表现，也要注重审查罪犯思想改造等主观方面的表现。

财产性判项是刑事生效判决的重要组成部分，罪犯对财产性判项主动、积极履行是其主观认罪悔罪的表现。本案中，李某本人及其家庭成员分别系多家公司的全额股份股东、大股东，且控股的公司经营状态正常，家庭经济状况良好，却始终不履行财产性判项，并且提供虚假的家庭经济情况证明材料，隐瞒真实的财产状况，企图规避财产性判项履行。罪犯未履行或者未全部履行财产性判项，隐瞒、藏匿、转移财产的，不认定罪犯确有悔改表现。因此，认定罪犯李某不具有悔改表现，不能够获得减刑。

综上，减刑作为激励罪犯改造的刑罚执行制度，办案机关在办理罪犯减刑案件过程中，在贯彻落实宽严相济的刑事政策的同时，不仅应注重审查罪犯服刑期间的一贯表现，更应该重视坚持“全面依法审查、主客观改造表现并重、严格审查证据材料、区别对待”的实质化审理基本要求，全方位综合评判罪犯是否确有悔改表现，加强案件办理中的“亲历性”，保证刑罚变更执行案件证据的真实性，确保每一起减刑案件办理都能取得良好效果。

（供稿：安徽省九成坂人民检察院　陈　明）

7. 张某某减刑监督案

——如何对涉黑涉恶犯罪且充当黑恶势力“保护伞”的罪犯减刑报请进行监督

■ 基本案情

2022 年 2 月 10 日，安徽省庐江监狱认为罪犯张某某获得表扬 5 次，确有悔改表现，报请减刑 6 个月，向白湖人民检察院征求意见。检察人员审查发现张某某系涉黑涉恶犯罪并充当黑恶势力“保护伞”，监狱报请减刑时未从严把握，并发现张某某在考核期内存在违规调岗、认罪悔罪态度不深入等问题，认为该报请减刑案件存在不当，依法予以监督纠正。

■ 主要问题

在减刑监督案件中，对罪犯系涉黑涉恶犯罪并充当黑恶势力“保护伞”应当如何把握？

■ 意见分析

笔者认为，常态化扫黑除恶期间，检察机关从严把握涉黑涉恶罪犯和“保护伞”案件罪犯减刑假释是巩固专项斗争成果的必要举措，具体应从以下方面开展监督工作。

第一，对该类罪犯未从严把握，不当减刑应监督纠正。在减刑案件监督中，检察机关的首要任务是查清罪犯原判情况以及服刑改造表现。本案中，经阅卷，检察人员发现原审法院贯彻党中央扫黑除恶专项斗争部署要求，在判决书中依法认定张某某为黑恶势力充当“保护伞”。监狱对张某某报请减刑时未提及该情节，未体现依法从严把握的精神。检察机关审查还发现张某某在服刑期间存在 4 次违规行为，且监狱选任其担任勤杂事务岗位从事监狱食堂工作不符合扫黑除恶专项斗争相关政策精神。由此，白湖人民检察院认为，张某某系涉黑涉恶犯罪并充当黑恶势力“保护伞”，原案社会危害性较大，且服刑期间违规担任勤杂事务岗并多次违规，认罪悔罪不深入，不应当予以减刑，及时向监狱提出监督纠正意见。

第二，对减刑案件背后存在的普遍性问题制发检察建议。为深入查明问题所在，白湖人民检察院调取了安徽省庐江监狱开展扫黑除恶专项斗争以来的罪犯相关管理规定，同时利用驻监检察室数据执勤平台，深入了解张某某入监以来的通信情况，围绕岗位选任问题、认罪悔罪问题以及减刑报请问题等，下载电话录音 55 份、会见录音 3 份，调阅了岗位使用审批表等以便固定证据，对张某某交付执行以来的计分考核、监管改造、刑罚执行等进行了全面审查。通过调查，发现了安徽省庐江监狱存在对罪犯监管改造不严、提请减刑不当、教育改造质效欠佳、民警与服刑人员亲属存在不当接触等问题。白湖人民检察院制发检察建议，对该监狱如何进一步提高思想认识、深化法律法规学习教育、提升罪犯改造效果、落实监管政策等工作，提出有针对性的、详细的建议措施。

第三，深挖减刑案件背后的职务犯罪线索。注重减刑监督与司法工作人员职务犯罪查办工作相融合，紧盯“高墙内”廉洁执法，促进刑罚执行公平公正。充分研判监狱违规报请张某某减刑背后违法犯罪的可能性，对究竟属于疏忽大意或有意为之的责任进行分析，对监狱民警与张某某亲属是否存在不正当经济往来，以及是否利用职权便利为张某某调整监区、安排轻松劳动岗位等进行初步调查，深挖减刑案件背后可能存在的职务犯罪线索。

（供稿：白湖人民检察院　徐　明）

8. 金某徇私舞弊减刑侦查案

——刑罚变更执行监督中如何侦查突破

■ 基本案情

侦查对象金某在2015年至2020年担任安徽省青山监狱第一监区监区长、槐林监区政治教导员(副处级)期间,非法收受罪犯丁某亲友所送的烟酒等礼品及现金1万元整,后违规对丁某进行工种调整、报批服刑改造积极分子,使丁某获得较多的狱政奖励,为丁某减刑制造条件。此外,金某明知丁某在狱内存在违规会见、安排亲属带书进监、安排亲友向民警行贿等多次违规违纪行为,不具有"确有悔改表现",不但未按相关的监规纪律作出处理,反而予以隐瞒,掩盖丁某真实服刑表现,致使丁某报请减刑4次。

2020年7月,白湖人民检察院在审查罪犯丁某减刑案件时发现金某徇私舞弊减刑线索,安徽省人民检察院于2020年9月7日将该线索交由白湖人民检察院办理。2020年12月28日,该案侦查终结移送审查起诉,犯罪嫌疑人金某认罪认罚。2021年4月16日,庐江县人民法院以被告人金某犯徇私舞弊减刑罪判处有期徒刑2年,金某当庭表示认罪服判。

■ 主要问题

监狱民警在违规报请减刑、假释背后的职务犯罪较为隐蔽,往往会通过合法程序掩盖徇私舞弊犯罪事实。检察机关立案侦查此类案件时,应当如何突破?

■ 意见分析

徇私舞弊减刑、假释、暂予监外执行,严重破坏刑罚执行的公平公正,有损司法公信力。笔者认为,检察机关查办此类案件时,应当在刑罚变更执行监督中深挖职务犯罪线索,综合运用监狱各类数据平台等资源,熟练掌握监狱的规章制度,做到知己知彼,利用优势证据突破犯罪嫌疑人,真正起到查办一件治理一片的监督效果,实现在监督中办案,在办案中监督。

第一,强化减刑监督案件实质化审查,及时发现案件线索。在减刑、假释案件办理中,严格审查减刑案件的实体条件,认真审查考核分数的来源及其合理性,对罪犯服刑期间改造表现的考核材料存在异常的情况,不仅要求刑罚执行机关作出说明或者补充,还要进行综合分析,判断是否存在职务犯罪线索,注重把刑罚变更执行法律监督与职务犯罪侦查工作相融合,实现在监督中办案。本案中,白湖人民检察院在审查罪犯丁某减刑案件时,发现该犯计分考核存在违规加分、计分考核畸高等问题。经综合分析,丁某案发前系某市重点工程管理局局长,有一定的社会关系,背后可能存在司法腐败问题,于是作为案件线索上报安徽省人民检察院。安徽省人民检察院研判后将该线索交由白湖人民检察院办理。

第二,创新调查取证方式,快速掌握关键证据。监狱的新冠疫情防控政策使侦查人员进监询问证人存在诸多困难。新形势新情况导致传统的调查取证方式难以适用。专案组创新调查取证方式,首次利用监狱数据信息系统,通过复听服刑人员亲情电话、会见录音等方式,在不接触任何涉案人员的情况下,快速掌握了罪犯丁某通过亲情电话及会见安排亲友向民警行贿等极有价值的、关键的线索证据,准确锁定犯罪嫌疑人,再通过询问外围相关证人,顺利掌握侦查对象金某涉嫌徇私舞弊减刑的基本事实,极大提高了办案质效。

第三,注重营造办案高压态势,顺利突破嫌疑人口供。在掌握关键证据后,检察机关改变以往一般采取秘密侦查的方式,反其道而行,大张旗鼓地开展调查取证,给犯罪嫌疑人金某造成极大的心理压力。检察机关加强与青山监狱的协调配合,在与犯罪嫌疑人金某谈话时,要求监狱派员负责每天对涉案人员在办案点的往来接送,既确保办案安全,又进一步增加金某的心理负担。此后,利用省级检察院检务工作区作为集中办案点,让金某产生案件被提级办理的错觉,再次对其开展强大心理攻势,在检务工作区仅仅利用 12 小时的讯问即将案件成功突破。

第四,突出办案监督效果,发挥警示教育辐射作用。此案是“两反”转隶及“十四类”案件检察侦查职能明确后,刑事执行派出院成功办理的首起职务犯罪案件,也是目前全省检察机关在监狱系统查处的被告人级别最高的案件。此案也被政法队伍教育整顿中央指导组作为重点案件予以关注,在全省监狱系统产生较大震动。青山监狱针对该案暴露出的问题展开全体民警自查自纠专项整顿,办理一案教育一片的办案效果显著。此外,有力地实现在办案中监督,以办案促监督,促进监狱刑罚执行活动进一步依法、规范开展。

（供稿:白湖人民检察院　徐培龙）

9. 郝某某减刑撤销案

——故意隐瞒刑事犯罪的民事赔偿责任是否应撤销原减刑裁定

■ 基本案情

安徽省潜川监狱罪犯郝某某，因犯交通肇事罪于2015年12月24日被安徽省萧县人民法院判处有期徒刑7年6个月，2018年5月17日经合肥市中级人民法院裁定减刑有期徒刑7个月，2019年8月15日经合肥市中级人民法院裁定减刑有期徒刑7个月，减刑后刑期至2021年12月28日止。2021年4月，安徽省潜川监狱拟对郝某某报请减刑7个月。白湖人民检察院在对郝某某履行财产性判项能力和狱内消费情况进行调查时发现郝某某隐瞒了交通肇事罪的民事赔偿义务33万余元。经白湖人民检察院建议，安徽省潜川监狱启动郝某某减刑案件纠错程序，向合肥市中级人民法院提出撤销减刑裁定的纠正意见。2021年11月9日，合肥市中级人民法院依法重新组成合议庭公开开庭审理郝某某撤销减刑一案，裁定撤销减刑。

■ 主要问题

罪犯故意隐瞒刑事犯罪的民事赔偿责任的，司法实践中往往难以发现，对此类假意认罪悔罪的“投机减刑”如何发现与认定，是否应撤销原减刑裁定？

■ 意见分析

刑事犯罪的民事赔偿责任既是对犯罪行为的惩罚，也是对社会关系的修复。司法实践中，被害人对刑事犯罪造成的损害可能另行提起民事诉讼，罪犯故意隐瞒民事赔偿责任的，往往难以发现。笔者认为，应当从以下方面发现和认定罪犯故意隐瞒行为，对此类“投机减刑”应当撤销原减刑裁定。

第一，要准确核实罪犯原案是否有民事赔偿判决。在刑罚变更执行监督中，应当对可能涉及民事赔偿责任的重点罪名强化预警，织密筛查管理网。如对交通肇事、故意伤害、过失致人死亡等罪名重点关注，属于重点罪名但监管系统中既未显示“刑事附带民事赔偿”又未显示“另案提起民事赔偿”情形的，应当进一步开展调查核实。本案中，检察机关在对郝某某履行财产性判项能力和狱内消费情况进行调查时，发现郝某某原案系交通肇事犯罪并致 1 人死亡，依法应当给予被害人家属经济赔偿，但罪犯卷宗的刑事判决书没有附带民事赔偿，也未见民事判决书。在赴原审法院调取郝某某机动车交通事故责任纠纷一案民事判决书后查明，郝某某对被害人父母承担 33 万余元的民事赔偿责任；询问其原代理律师黄某，黄某提供的《会见笔录》证明其曾告知郝某某有民事赔偿 33 万余元的责任，从而核实郝某某对被害人家属负有民事赔偿 33 万余元责任。

第二，罪犯故意隐瞒民事赔偿责任的，不能认定确有悔改表现。面对检察官的询问，罪犯郝某某坚称原案交通肇事没有民事赔偿判决。白湖人民检察院召开检察听证会，就郝某某是否故意隐瞒民事赔偿义务进行公开听证。听证会上，承办检察官就民事判决书的送达、交通肇事案件开庭时郝某某对赔偿问题的承诺等调查情况一一出示了证据，证实了郝某某对民事赔偿判项的主观明知，3 名听证员分别对罪犯郝某某就赔偿履行、民事调解、证据情况等进行提问。经评议一致认为：罪犯郝某某故意隐瞒民事赔偿判项，逃避履行法定义务，不能认定确有悔改表现，不符合减刑的法定条件。

第三，对罪犯此类“投机减刑”应当撤销减刑裁定。因罪犯故意隐瞒民事赔偿责任，逃避履行法定义务，对犯罪破坏的社会关系不进行积极修复，不能真诚认罪悔罪，不具有悔改表现，不能予以减刑。自其明知负有民事赔偿责任而故意隐瞒之日起，不符合减刑条件，此后的减刑裁定应当予以纠正。听证会后，白湖人民检察院与安徽省潜川监狱成立联合调查组，复查了郝某某历次减刑裁定，查明郝某某的减刑裁定确有错误。安徽省潜川监狱启动郝某某减刑案件纠错程序，向合肥市中级人民法院提出撤销减刑裁定的纠正意见。合肥市中级人民法院依法开庭审理，撤销相关减刑裁定。

（供稿：白湖人民检察院　王帅贤）

10. 曹某某暂予监外执行监督案

——刑罚交付执行完成时间节点的认定

■ 基本案情

罪犯曹某某，女，因介绍卖淫罪于2021年11月12日被庐江县人民法院判处有期徒刑1年3个月，并处罚金人民币1.5万元。当日，曹某某被庐江县公安局执行逮捕，送押至合肥市女子看守所。一审宣判后，被告人曹某某未提出上诉。同月25日，庐江县人民法院将曹某某“三书一表”（起诉书、判决书、执行通知书、结案登记表）送至合肥市女子看守所（刑期自2021年11月12日起至2023年2月11日止）。2021年12月2日，罪犯曹某某在被投送监狱前，经安徽省第二人民医院检查确认为早期妊娠。当日，合肥市女子看守所建议庐江县人民法院对其变更强制措施，庐江县人民法院同日回函，因罪犯曹某某已经判决并已生效交付执行，对罪犯曹某某变更强制措施无法律依据。

2021年12月9日，庐江县人民检察院向庐江县人民法院制发检察建议书，建议该院依法对罪犯曹某某启动暂予监外执行相关程序。2021年12月29日，庐江县人民法院作出对罪犯曹某某暂予监外执行的决定。

■ 主要问题

法院将“三书一表”送达至看守所，看守所将罪犯投送监狱前，是否属于刑罚交付执行完成？此时发现罪犯符合暂予监外执行情形的，应当由哪个机关负责办理暂予监外执行？

■ 意见分析

□ 意见分歧

第一种意见认为,2021 年 11 月 12 日法院宣判当日曹某某被收押,11 月 25 日法院已将“三书一表”(起诉书、判决书、执行通知书、结案登记表)送至看守所,交付执行已经完成。曹某某经省级人民政府指定的医院检查确定怀孕,符合暂予监外执行情形。根据《刑事诉讼法》第二百六十五条第五款之规定,在交付执行后,暂予监外执行由监狱或者看守所提出书面意见,报省级以上监狱管理机关或者设区的市一级以上公安机关批准。本案曹某某被判处 3 个月以上的刑罚,应当由监狱负责办理暂予监外执行。

第二种意见认为,虽然判决已经生效,法院已将“三书一表”送达看守所,但是被告人未被投送监狱,交付执行尚未完成。在交付执行前,暂予监外执行由交付执行的人民法院决定,因此,本案应当由庐江县人民法院决定暂予监外执行。

□ 意见评析

笔者同意第二种意见,具体理由如下。

第一,文书送达仅是刑罚交付执行的发起环节。根据我国法律规定,刑罚交付执行是多机关共同参与的多环节的复杂活动。执行主体包括法院、看守所、公安机关、监狱,每个机关在交付执行活动中各司其职。一是送,人民法院在判决生效后 10 日以内将有关的法律文书送达看守所。二是交,除了依据《刑事诉讼法》第二百六十四条第二款规定的剩余刑期在 3 个月以下的由看守所代为执行之外,看守所应将罪犯送交监狱。看守所自收到执行通知书、判决书之日起 30 日内,将该罪犯送交监狱执行刑罚。具体投送工作由公安机关负责。三是收,监狱将罪犯收监执行。对于罪犯“三书一表”齐全的,监狱将罪犯收监执行。只有送、交、收活动完成后,才是完整的刑罚交付执行。本案中,法院将“三书一表”送达看守所,只是刑罚交付执行的发起环节,整个交付执行过程尚未完成。

第二,文书送达后投送监狱前属于等待投监。法院将“三书一表”送达看守所后,罪犯刑期开始计算。罪犯在看守所羁押的时间计入实际服刑期间。对于刑期不同的罪犯,看守所并不都是其法律意义上的刑罚执行机关。剩余刑期在 3 个月以下的罪犯,文书送达后即可留所服刑。对剩余刑期在 3 个月以上的罪犯而言,文书送达后,在看守所属于等待投监的过渡期间,待投监后刑罚执行主体仍是监狱,看守所不能理解为过渡期间的执行主体。本案中,曹某某被判处有期徒刑 1

年 3 个月,在等待投监期间出现暂予监外执行情形,因其不属于留所服刑人员,不应由看守所负责办理暂予监外执行,其尚未投监也不属于监狱服刑人员,同样不应由监狱办理暂予监外执行。等待投监仍属于交付执行前,根据《暂予监外执行规定》第二条的规定,对罪犯适用暂予监外执行,在交付执行前,由人民法院决定。

第三,文书送达即视为交付完成不利于保障罪犯合法权益。文书送达看守所后等待投监期间,罪犯出现符合暂予监外执行的情形,意味着罪犯身体不符合投送监狱执行刑罚的条件,也就意味着刑罚执行的形式应当依法作出变更。此时,法院作为交付执行的发起主体,应当正确履行交付执行的职责,依法确定合乎罪犯权益的交付形式,及时作出刑罚变更执行的决定。如果文书送达即视为交付完成,剩余刑期 3 个月以上的罪犯符合暂予监外执行条件的,则应由监狱负责办理。那么,监狱需先启动收监再启动暂予监外执行,如此机械执法不利于提高司法效率,更不利于保障罪犯的合法权益。

（供稿:合肥市庐江县人民检察院　陈春生）

11. 李某减刑监督案

——如何充分发挥检察监督职能把握罪犯减刑条件

■ 基本案情

合肥市义城监狱服刑人员李某,男,1987 年出生,因诈骗罪于 2019 年 12 月 30 日被判处有期徒刑 4 年,并处罚金 25 万元,继续追缴违法所得。2020 年 4 月 4 日,李某入合肥市义城监狱服刑。监狱为其报请减刑时,向合肥市人民检察院征求意见。

经查明:李某在服刑期间认罪悔罪,积极改造,各方面表现良好,基本符合减刑条件,但财产性判项履行仅缴纳罚金 6300 元。李某月均消费 180.39 元,低于监狱规定额度标准。相关部门出具材料证明其无财产履行能力。同时,李某服刑期间,其妻子因病去世,家中尚有 2 名未成年子女(7 岁、5 岁)随祖母生活,已办理孤儿补助。

合肥市人民检察院审查认为,罪犯李某交付执行后一贯表现良好,虽然尚有大额财产性判项未履行,但综合考虑其家庭实际情况,可以认定其确无履行能力。另从未成年人保护、促进社会和谐稳定的角度考量,准许对该犯减刑更有利于其尽早回归社会、家庭,提高教育改造质量,兼顾了天理、国法和人情,也充分体现了司法的温度,遂建议法院对罪犯李某裁定减刑。2021 年 11 月 30 日,合肥市中级人民法院依法裁定对李某减去有期徒刑 5 个月。

■ 主要问题

在减刑案件中,如何充分发挥检察监督职能,综合把握罪犯确有悔改表现的减刑条件?

■ 意见分析

笔者认为,检察机关办理减刑案件监督时,不应就案办案,而应自觉从政治、社会、法律等层面去研判,不断探求刑罚变更执行制度的价值追求。在个案办理中,综合把握罪犯确有悔改表现的条件,依法提出监督意见,充分履行检察职责。

第一,减刑监督应当坚持突出重点、全面依法审查。加强减刑监督实质化审查,全面依法审查各项证据材料。本案中,检察机关不仅审查罪犯李某交付执行后的现实表现,也注重审查其犯罪的性质、具体情节、社会危害程度、原判刑罚及生效裁判中财产性判项的履行情况等。在发现李某财产性判项履行比例较低的情况后,重点围绕其有无履行能力审查了其狱内月均消费、家庭困难证明以及家庭成员实际生活状况。此外,还根据李某的各方面表现,预判减刑后再犯罪风险及对社会的影响,全面综合地研判罪犯是否确有悔改表现,以贯彻宽严相济的刑事政策,准确适用减刑政策。

第二,减刑监督应当坚持区别对待,体现刑罚个别化原则。刑罚执行是对罪犯进行教育改造,降低再犯罪的可能性,实现刑罚特殊预防的目的。因此,具体适用刑罚时,应当根据不同罪犯的个体差异,坚持区别对待,具体情况具体分析,最大限度地发挥刑罚功能,实现刑罚目的。办理罪犯李某减刑案件过程中,在全面审查罪犯狱内消费记录、困难证明材料等相关证据的基础上,合肥市人民检察院对罪犯家庭情况主动开展深入细致的调查,掌握了该犯服刑期间,其妻子因病去世,尚有 2 名未成年子女要抚养,其父亲在老家工地务工,其母亲独自带孩子在合肥生活等详细情况。检察机关后续组织公开听证,市政协委员、人民监督员及安徽大学专家学者等作为听证员参加,未成年人检察部门专业人员也应邀列席听证会。在李某符合基本减刑条件的基础上,承办检察官关于减刑有利于其未成年子女成长这一个别化因素的考量,得到认可,参与听证人员一致认为可以减刑。

第三,减刑监督应当体现检察机关对社会综合治理的参与作用。本案的减刑监督未简单拘泥于李某能否减刑这一具体问题,而是进一步延伸,更多地关注教育转化、犯罪预防、未成年人保护等深层次问题,体现了检察机关依法履职、监督而不替代的职责和定位,也是检察机关积极参与社会治理的重要体现。本案李某减刑后能够早日回归社会,为未成年人尽量补全家庭监护和防止未成年人所在家庭因案致贫、因案致困创造了有利条件。在李某刑满释放数月后,合肥市人民检察院联合包河区人民检察院对李某开展回访工作。经当面了解,李某出狱后遵纪守法，积极回归家庭，对生活和未来充满希望，其2个子女健康活泼、乐观开朗，家庭氛围温馨和睦、融洽向上。检察人员适时对李某开展法治教育，并联合未成年人检察部门，结合办案实际，有针对性地向李某传授了对未成年人尤其是对父母曾犯罪的单亲家庭中未成年子女的特殊教育方法。

（供稿：合肥市人民检察院　王晓召　魏怡欣）

民事行政案件部分

1. 周某非法占用土地行政非诉执行监督案

——行政非诉案件“裁”与“执”的主体分析

■ 基本案情

2015 年 11 月，周某未经批准擅自占用霍邱县某镇的集体土地 750 平方米，用于堆放砂石。该宗地规划用途为一般耕地，周某未取得该宗地建设用地审批手续。霍邱县自然资源和规划局认定周某违反《土地管理法》①的规定，构成非法占用土地，根据《土地管理法》和《土地管理法实施条例》②等规定，于 2018 年 7 月 4 日对周某作出霍国土资监决〔2018〕132 号《行政处罚决定书》，责令周某退还非法占用的 750 平方米集体土地，并对周某处以 1.5 万元罚款。

周某未在规定的期限内申请行政复议或提起行政诉讼，也未履行行政处罚中确定的义务。霍邱县自然资源和规划局于 2019 年 4 月 2 日向霍邱县人民法院提出申请，要求准予强制执行其对周某作出的霍国土资监决〔2018〕132 号行政处罚决定。霍邱县人民法院依照最高人民法院《关于适用〈中华人民共和国行政诉讼法〉的解释》第一百六十条的规定，于 2019 年 4 月 4 日作出（2019）皖 1522 行审 29 号《行政裁定书》，裁定对霍邱县自然资源和规划局作出的霍国土资监决〔2018〕132 号行政处罚决定准予强制执行，由霍邱县自然资源和规划局组织实施。

霍邱县人民检察院在开展土地执法领域行政非诉执行监督中发现，霍邱县人民法院针对霍邱县自然资源和规划局要求准予强制执行其对周某作出的霍国土资监决〔2018〕132 号行政处罚决定的准予裁定内容于法无据，遂向霍邱县人民法院发出检察建议，建议其依法撤销准予霍邱县自然资源和规划局的强制执行的裁

① 该法已于 2019 年修正。——编者注

② 该条例已于 2021 年修订。——编者注

决。霍邱县人民法院采纳了检察建议,并改判由所在地政府牵头开展强制执行。

■ 主要问题

对于因违法占用土地作出行政处罚的非诉执行案件,一般规定为"裁执一体"。实务中出现"裁执分离",如何在执行中实现法律效果、政治效果、社会效果的有机统一?

■ 意见分析

□ 意见分歧

第一种意见认为,裁执分离适用土地违法占地领域行政非诉执行案中,根据最高人民法院《关于办理申请人民法院强制执行国有土地上房屋征收补偿决定案件若干问题的规定》以及"裁执分离"的改革要求,借鉴各地工作经验,霍邱县人民法院会同相关单位,推动县人民政府出台霍邱县人民法院、霍邱县国土资源局、霍邱县国有资产管理局《关于强制执行国土资源违法建筑物的实施意见》(霍政办〔2014〕8号)确保了这项工作平稳有序开展,取得了较好的社会效果和法律效果。

第二种意见认为,裁执分离目前只适用国有土地上房屋征收补偿的执行案件。首先,行政机关实施强制执行权须由法律设定。根据《行政强制法》的规定,行政强制执行分为两种,一是具有行政强制执行权的行政机关自行强制执行,二是没有行政强制执行权的行政机关申请法院强制执行。《行政强制法》第十三条规定:"行政强制执行由法律设定。法律没有规定行政机关强制执行的,作出行政决定的行政机关应当申请人民法院强制执行。"《土地管理法》第八十三条规定:"依照本法规定,责令限期拆除在非法占用的土地上新建的建筑物和其他设施的,建设单位或者个人必须立即停止施工,自行拆除;对继续施工的,作出处罚决定的机关有权制止。建设单位或者个人对责令限期拆除的行政处罚决定不服的,可以在接到责令限期拆除决定之日起十五日内,向人民法院起诉;期满不起诉又不自行拆除的,由作出处罚决定的机关依法申请人民法院强制执行,费用由违法者承担。"根据上述规定,作为土地管理部门的霍邱县自然资源和规划局有申请强制执行权,但法律并未授予霍邱县自然资源和规划局实施强制执行权。

其次,2012年3月出台的最高人民法院《关于办理申请人民法院强制执行国有土地上房屋征收补偿决定案件若干问题的规定》确立了"裁执分离"的执行原则,目前只适用于国有土地上房屋征收补偿的执行案件,并不适用于非法占用农村集体土地行政处罚执行案件,故霍邱县人民法院裁定由霍邱县自然资源和规划局负责实施行政处罚没有法律依据。同时,由于没有司法强制手段作保障,导致此案“责令退还”“没收”等措施,出现至今没有执行终结的情况,执行程序陷入空转。

□ 意见评析

行政非诉执行制度本质上是用司法权制约行政权,从而保证行政权的行使合法规范,所以从制度设计上和法律规定上来看,法院是“裁”与“执”的主体。由于涉及土地、民生等敏感问题,违法占用土地成为行政非诉执行领域中最为复杂、难度最大的模块,在实际执行中也就出现“裁”与“执”分离,即人民法院作为裁定的主体,土地行政管理部门或地方政府作为执行主体。但就目前违法占用土地领域的行政非诉执行的“裁执分离”的落实中,各地出台的多是实施意见,效力层次较低,降低了裁判的可接受性,损害了司法公信力。笔者认为,裁执分离是大趋势,能够有效解决执行空转问题,把涉及土地的问题落到属地政府和土地管理部门,能够实现源头治理。同时要加快立法,增强属地协调力度,通过实质性化解,促进行政相对人自觉履行相关行政决定,消除违法状态,实现法律效果、政治效果、社会效果的有机统一。

(供稿:六安市霍邱县人民检察院　汪铸赟　张　杰)

2. 张某某与滁州市南谯区某镇人民政府、南谯区某镇某村民委员会行政协议案

——行政补偿协议调解书已经生效，补偿差额纠纷是否属于行政诉讼受案范围

■ 基本案情

2017 年 7 月 17 日，被拆迁人张某某与滁州市南谯区某镇人民政府（以下简称某镇人民政府）签订一份《征收集体所有土地房屋拆迁补偿安置协议书》，约定由拆迁人付给被拆迁人合计金额 522606.76 元。

2019 年 2 月 15 日，张某某提起民事诉讼，要求南谯区某镇某村民委员会（以下简称某村民委员会）支付其拆迁补偿款 522606.76 元并支付利息。在滁州市南谯区人民法院调解下，双方形成（2019）皖 1103 民初 965 号《民事调解书》，主要内容为：（1）某村民委员会于 2019 年 5 月 27 日前一次性支付张某某房屋拆迁补偿款 382360 元；（2）若张某某有证据证明其应当得的房屋拆迁补偿款超出 382360 元，张某某有权另行主张；（3）张某某放弃其他诉讼请求。

2019 年 6 月 16 日，张某某再次提起行政诉讼，请求判令某镇人民政府支付拆迁安置款差额部分，即 140246.76 元及逾期利息。滁州市南谯区人民法院判决支持了张某某的诉讼请求。某镇人民政府上诉，滁州市中级人民法院认为，该案的诉讼标的已为生效调解书所羁束，裁定撤销一审判决，判决驳回起诉。

张某某不服二审判决，向滁州市人民检察院申请监督，滁州市人民检察院提请安徽省人民检察院抗诉。安徽省人民检察院抗诉后，安徽省高级人民法院裁定提审本案。再审期间，安徽省人民检察院、安徽省高级人民法院协同推进涉案争议的实质性化解，促进双方达成和解协议。

■ 主要问题

本案诉讼标的是否为生效调解书所羁束，张某某是否能够提起行政诉讼？

■ 意见分析

□ 意见分歧

第一种意见认为，张某某之前已向法院提起民事诉讼，要求某村民委员会支付其拆迁补偿款522606.76元并支付利息。经法院主持调解，双方达成调解协议，并已制作民事调解书。调解书已对张某某382360元外拆迁安置款的主张作出了约定。张某某应按照约定履行。现张某某仍就同一诉讼标的提起行政诉讼，要求某镇人民政府支付140246.76元及逾期利息，属于诉讼标的已为生效裁判所羁束的情形，不属于人民法院行政诉讼受案范围。

第二种意见认为，某镇人民政府与张某某签订的《征收集体所有土地房屋拆迁补偿安置协议书》属行政合同，由此引起的纠纷属于人民法院行政诉讼的受案范围。行政机关应当依法履行拆迁安置补偿协议中约定的义务，足额及时发放征用补偿款是其法定职责。

□ 意见评析

笔者同意第二种意见。诉讼标的是否已为生效裁判或调解书所羁束，需从以下方面分析。

首先，羁束对象必须是诉讼标的本身。行政诉讼的诉讼标的是被诉具体行政行为或行政协议，它是当事人之间存在的法律关系。具体到本案中，张某某与某镇人民政府签订的行政协议中的拆迁补偿安置款是被诉具体行政行为或行政协议所指向或涉及的对象，应属诉讼标的。只有作为诉讼标的的被诉具体行政行为或行政协议被生效裁判羁束，当事人又对该具体行政行为或行政协议提起诉讼时，才属于“诉讼标的已为生效裁判或调解书所羁束”的情形。如果仅是诉讼标的被生效裁判作为定案依据予以采信，则不属于“诉讼标的已为生效裁判或调解书所羁束”的情形。

其次，“生效裁判或调解书”应进行限缩解释，即仅指“行政生效裁判或调解书”。本案中，张某某因房屋拆迁但未得到拆迁安置补偿款，为维护自身合法权益，本应先对某镇人民政府提起行政诉讼，但其先对某村民委员会提起了拆迁安置补偿款返还之民事诉讼。在民事诉讼过程中，张某某将与南谯区某镇人民政府签订的《征收集体所有土地房屋拆迁补偿安置协议书》作为证据提出，但某村民委员会并不认可该拆迁协议，最终双方当事人达成调解协议也并非依据拆迁补偿安置协议书，生效判决也没有对行政协议的合法性进行审查。依据最高人民法院《关于审理行政协议案件若干问题的规定》第十一条规定："人民法院审理行政协议案件，应当对被告订立、履行、变更、解除行政协议的行为是否具有法定职权、是否滥用职权、适用法律法规是否正确、是否遵守法定程序、是否明显不当、是否履行相应法定职责进行合法性审查。原告认为被告未依法或者未按照约定履行行政协议的，人民法院应当针对其诉讼请求，对被告是否具有相应义务或者履行相应义务等进行审查。"《行政诉讼法》第六条规定："人民法院审理行政案件，对行政行为是否合法进行审查。"第十二条规定："人民法院受理公民法人或者其他组织提起的下列诉讼：……（十一）认为行政机关不依法履行、未按照约定履行或者违法变更、解除政府特许经营协议、土地房屋征收补偿协议等协议的……"根据上述规定，只有法院行政审判庭可以对行政协议进行合法性审查，而民事审判庭只是把行政协议作为证据或者案件事实进行审查，无权对其合法性进行审查。因此，"诉讼标的已为生效裁判或调解书所羁束"中的"生效裁判或调解书"应仅指行政生效裁判或调解书。本案中，张某某与某村民委员会的民事诉讼的诉讼请求是某村民委员会返还拆迁安置补偿款，诉讼标的并非案涉行政协议，该诉讼也没有对行政协议的合法性进行审查。

最后，"诉讼标的已为生效裁判或调解书所羁束"中的"羁束"的意思应当是"一事不再理"。判断当事人对某诉能否再行提起诉讼，判断依据包括前诉和后诉的诉讼标的是否同一，诉讼标的不同则是不同的诉讼。本案中，张某某与某村民委员会的民事诉讼是解决补偿款返还纠纷，张某某与某镇人民政府的行政诉讼是解决拆迁补偿安置行政协议履行纠纷，两个诉讼的当事人不同，诉讼性质也不同，张某某与某村民委员会的民事调解协议只能约束当事人双方，却不能变更或履行张某某与某镇人民政府的拆迁补偿安置行政协议。因此，张某某与某村民委员会的民事诉讼调解书并不能羁束其与某镇人民政府的行政诉讼。

（供稿：滁州市人民检察院　丁　盼）

3. 唐某某与谢某某不当得利纠纷检察监督案

——公开听证笔录的证据效力分析

■ 基本案情

唐某某、谢某某、周某三人系同乡。2014 年 10 月，唐某某因资金周转需要，向周某借款 10 万元，周某应允后因手中无闲钱，便联系谢某某提供借款 10 万元并提供唐某某的银行账号用于收款。10 月 17 日，经周某同意，谢某某转账 9.7 万元至唐某某账户，余下 0.3 万元作为利息，借款金额以 10 万元计。2018 年，谢某某就该 9.7 万元以民间借贷纠纷起诉周某，周某未出庭应诉，铜陵市郊区人民法院（以下简称郊区法院）经审理作出一审判决（已生效），该判决没有认定该 9.7 万元系周某向谢某某借款。2019 年 9 月 3 日，谢某某就该 9.7 万元以不当得利纠纷起诉唐某某，唐某某未出庭应诉，未作答辩。郊区法院经审理作出本案判决，认定该 9.7 万元系唐某某不当得利。

2020 年 7 月 28 日，唐某某向铜陵市郊区人民检察院（以下简称郊区检察院）申请监督称，该 9.7 万元系其向周某的借款，已按周某要求还款给周某指定之人刘某某，并提供刘某某的收条及周某出具的关于 9.7 万元借款的《情况说明》。唐某某认为，郊区法院的判决导致其就同一笔债务判决重复还款。检察机关调查核实发现，唐某某、谢某某、周某均在 2000 多公里的省外务工。在本案及关联案件的法庭审理程序中，因唐某某、周某缺席庭审，各方当事人均未能充分行使质证、辩论等诉讼权利，且各当事人对案件事实各执一词。另外，唐某某因本案执行程序被限制高消费，生活不便，情绪较大。

为查明案件事实，郊区检察院决定组织公开听证，向唐某某、谢某某、周某发出《听证通知书》，要求各当事人务必到场参与公开听证，以保证调查核实工作的开展。按照听证流程,组织人大代表、政协委员、司法工作人员组成的听证员召开了听证会。听证过程中,针对唐某某、谢某某、周某间的法律关系及唐某某是否应对9.7万元承担不当得利返还责任,唐某某、谢某某、周某分别对相关事实作出陈述,并进行了举证和质证,进行了辩论。听证员认为,本案案由为不当得利纠纷,法院应当在庭审中依法查明谢某某与唐某某是否构成不当得利法律关系,即唐某某是否构成不当得利。根据听证中查明的事实,唐某某基于其与周某间的借贷关系,取得该9.7万元,并非不当得利。至于唐某某有无归还此款项以及归还给了周某还是刘某某属于另一法律关系,并不影响本案中周某与谢某某借贷关系的成立。检察机关认为,经听证查明,谢某某、唐某某和周某对于唐某某向周某借款、谢某某提供借款以及谢某某向唐某某转款的事实陈述基本一致。2020年10月29日,郊区检察院向郊区法院提出再审检察建议并提供《公开听证笔录》。2021年1月26日,郊区法院回复称对该再审检察建议不予采纳。郊区检察院依职权跟进监督,提请铜陵市人民检察院抗诉。铜陵市人民检察院提出抗诉。6月7日,铜陵市中级人民法院指令郊区法院再审本案并中止原判决的执行。12月15日,郊区法院采纳听证笔录证据内容,依法改判。该再审判决已生效。

■ 主要问题

检察机关的公开听证笔录能否作为民事诉讼监督中的证据使用?

■ 意见分析

笔者认为,公开听证笔录虽然在立法上没有明确为某一类证据,但公开听证笔录符合证据的实质要件和形式要件。

首先,从内容上看,公开听证笔录是检察机关对公开听证全过程的文字记录。本案中,公开听证笔录完整记录了各方当事人的陈述意见,固定了当事人唐某某、谢某某、周某均公开认可的案件基本事实,弥补了因唐某某、周某缺席庭审导致的事实认定错误。公开听证笔录具备证据的客观性。

其次,从来源、形式上看,我国法律明确赋予检察机关在民事诉讼检察监督中的调查核实权,公开听证是检察机关根据《民事诉讼法》《人民检察院民事诉讼监督规则》依法采取的一种调查核实方式。本案中,检察机关严格履行组织公开听证公告、权利义务告知、回避、调查、辩论等程序,邀请听证员参与听证,公开听证活动记入笔录并经与会人员签字确认,公开听证笔录具备证据的合法性。

最后，从证明目的上看，检察机关围绕申请监督请求、争议焦点等内容，以公开听证会的形式调查核实案涉事实，形成的公开听证笔录足以证明检察机关审查认定的事实，检察听证笔录具备证据的关联性。

综上，检察机关履行法律监督职责可通过公开听证的形式进行调查核实。公开听证笔录具备证据的客观性、合法性、关联性，可以作为民事诉讼中的证据使用。

（供稿：铜陵市郊区人民检察院　王　慧）

4. 谈某某、俞某某与安徽省芜湖市某区人力资源和社会保障局、安徽省芜湖市某区人民政府、第三人某艺术高级中学有限公司工伤行政确认及行政复议纠纷检察监督案

——工伤认定中如何确定“上下班途中”

■ 基本案情

申请人谈某某、俞某某系本案工伤认定对象谈某玉的父母。谈某玉原系某艺术高级中学有限公司教师，于2018年7月16日办理入职手续，在该校担任美术专业课教师。某艺术高级中学有限公司与其签订了劳动合同，并为其缴纳社保。谈某玉居住地在安徽省某县，为工作需要，谈某玉和另外两位女同事在某区出租房共同租房居住，校方每月给予租房补贴。2019年12月5日中午，谈某玉及2名同事去该市某洗浴中心逗留约6个小时，离开后前往步行街逛街，后3人骑共享单车至该市某医院附近，19时许，谈某玉3人联系了一辆网约车由该医院处上车，目的地为某艺术高级中学有限公司。2019年12月5日20时6分许，该出租车遭遇同向行驶的超载重型自卸货车翻车挤压，造成谈某玉受伤，后谈某玉经抢救无效死亡。2019年12月13日，某县公安局交通警察大队作出道路交通事故认定书，认定超载重型自卸货车驾驶员负全部责任，谈某玉无责任。另查明，谈某玉居住地在某县许镇。谈某某、俞某某遂向安徽省某区人力资源和社会保障局（以下简称某区人社局）申请工伤认定，该局作出不予认定为工伤的决定。谈某某、俞某某不服，向某区人民政府申请行政复议，该区人民政府复议维持了某区人社局的不予认定工伤决定。谈某某、俞某某不服，向安徽省某区人民法院提起行政诉讼。

某区人民法院一审认定谈某玉属于视同工伤情形，判决撤销某区人社局不予认定工伤决定、某区人民政府行政复议决定，并责令某区人社局限期重作决定。某区人社局不服，上诉至安徽省某市中级人民法院。某市中级人民法院二审认定谈某玉不属于视同工伤情形，判决撤销一审判决，驳回谈某某、俞某某的诉讼请求。谈某某、俞某某不服，向安徽省高级人民法院申请再审被驳回后，向芜湖市人民检察院申请监督，芜湖市人民检察院提请安徽省人民检察院抗诉。安徽省人民检察院向安徽省高级人民法院提出抗诉。安徽省高级人民法院指令某市中级人民法院再审本案。某市中级人民法院于2022年5月25日作出判决书，认为谈某某、俞某某的申诉请求以及检察机关的抗诉意见成立，遂判决撤销二审判决，维持原一审判决。

■ 主要问题

工伤认定中如何确定“上下班途中”？

■ 意见分析

□ 意见分歧

随着社会经济的不断发展，人权保障意识及社会救助能力也在不断增强。《工伤保险条例》等相关规定也更加重视职工权利的保护，对工伤认定的范围呈现出逐步扩大的趋势。然而，现实中关于工伤认定的情形十分复杂，司法实践中对“上下班途中”之概念的认定也存在各种认识上的分歧。

第一种意见认为，根据《工伤保险条例》的规定，在上下班途中，受到非本人主要责任的交通事故伤害的，应当认定为工伤，“上下班途中”应理解为直接从居住场所到工作场所或直接从工作场所到居住场所的途中。本案中，谈某玉回到学校并不符合上下班的目的，事发当日其工作单位安排放假，且单位规定的到岗时间为第二日，谈某玉的家庭住所地与工作单位所在地虽分属两个不同的县城，但其在工作单位周边租有房屋并实际居住在该处，谈某玉并不需要从该家庭住所地返回工作单位，故事发当日其返回工作单位的时间并不符合以上班为目的。

第二种意见认为，职工的家庭住所地与工作地相隔两城，法定节假日或约定休息日期间，职工为上下班在合理时间内跨越城（县）际往返于两地的合理路线，应当认定为《工伤保险条例》第十四条规定的“上下班途中”。① “上下班途中”应理解为直接从居住场所(包括固定居住场所和临时居住场所,下同)到工作场所或直接从工作场所到居住场所的途中。职工从居住场所出发,并非直接到达工作场所,而是中途去其他地方办理与工作无关的事务,则以最后出发地至工作场所的途中为上班途中。本案中,谈某玉从家中乘车至某洗浴中心,其后逛街等行为,与上班无关,也非日常生活所必需的,不能认定为上班的合理路线。但其从最后出发地打车至工作地,其目的明确是直接回工作单位,该段路线应属上班的合理路线,符合法律规定的本意,应认定为工伤。

□ 意见评析

笔者同意第二种意见。对职工工伤作出合理的认定,应当结合立法本意,从分散工伤风险、促进工伤预防等角度,充分保障劳动者在工作中遭受事故伤害和患职业病后获得医疗救治、经济补偿和职业康复的权利。“上下班途中”应系职工为上下班而往返于住处和工作单位之间的合理路径,须根据距离、路况条件、交通工具类型及时间段等因素予以综合判断。②

第一,深刻理解和领会立法精神,准确把握《工伤保险条例》分担事故风险的立法宗旨。从《劳动法》的出台到《工伤保险条例》的颁布,其立法的宗旨和目的都是保障劳动者的权利。③《工伤保险条例》第一条规定:“为了保障因工作遭受事故伤害或者患职业病的职工获得医疗救治和经济补偿,促进工伤预防和职业康复,分散用人单位的工伤风险,制定本条例。”由此可见,工伤认定的主要目的是保障职工因工负伤或患病获得经济补偿的权利,同时督促用人单位履行相应的义务,因而,对职工是否属于“上下班途中”的理解与适用均应以此为基础,一方面督促用人单位积极履行义务,另一方面防止职工滥用权利,这也是《工伤保险条例》的立法本意所在。对“上下班途中”的理解应当全面准确,不能仅从字面意思进行理解。人力资源和社会保障部2016年发布的《关于执行〈工伤保险条例〉若干问题的意见(二)》第六条规定:“职工以上下班为目的、在合理时间内往返于工作单位和居住地之间的合理路线,视为上下班途中。”现实中,职工“上下班”目的的具

---

① 参见王某某诉重庆市万州区人力资源和社会保障局工伤认定及重庆市人力资源和社会保障局行政复议案,载《最高人民法院公报》2022年第5期。

② 参见马冬梅、陈杰:《上下班途中的认定》,载《人民司法·案例》2020年第8期。

③ 参见李永辉:《职工提前上班遭受交通事故的工伤认定》,载《人民法院报》2019年5月30日,第6版。

体表现形式复杂多样，如到单位参加会议或完成交办任务等，但无论具体工作内容为何，“上下班”的主观目的均应以合理性为基础，而不应违背一般常识。对于“上下班途中”的理解不能过于机械，不能理解为最近的路线，不能理解为职工平常较多选择的路径，更不能以用人单位提供的路径作为职工的上下班路径。

第二，具体分析职工工伤中“上下班途中”三要件，准确把握好判断何为合理的“度”的问题。现实中，“上下班途中”的情形是多样的，对“上下班途中”的理解，必须注意时间、路线以及目的地的合理性与上下班行为的直接关系。最高人民法院《关于审理工伤保险行政案件若干问题的规定》第六条规定：“对社会保险行政部门认定下列情形为‘上下班途中’的，人民法院应予支持：（一）在合理时间内往返于工作地与住所地、经常居住地、单位宿舍的合理路线的上下班途中；（二）在合理时间内往返于工作地与配偶、父母、子女居住地的合理路线的上下班途中；（三）从事属于日常工作生活所需要的活动，且在合理时间和合理路线的上下班途中；（四）在合理时间内其他合理路线的上下班途中。”

具体到本案，笔者认为主要需分析以下三要素：

其一，是否属于“上下班的合理时间”。上下班的合理时间是一个广泛的概念，一般来说，职工出门是为了上班，由于距离等原因提前出发等情况都不影响认定。本案中，谈某玉等人在出发去工作单位前前往市区休闲娱乐，该行为属于公民正常的生活消费行为，并不具有可责罚性，且与本案交通事故的发生无直接因果关系，故其不影响本案是否符合“上下班途中”的认定。从已查明事实可知，谈某玉此行目的地便是工作单位，其事故发生地也是在去往工作单位的路线上，该时间点虽离谈某玉的工作时间还有约 12 个小时，但按普通人思维，对于路途较远又有宿舍的谈某玉来讲，上班的前一天晚上到校，具有必要性和合理性，应认定为上班的合理时间。

其二，是否属于“上下班的合理路线”。认定劳动者上下班路线是否为合理，不能作过于机械的理解，路线也是可以多重选择的，最近的路径、常选路径以及公司提供路径都不是必需的要件，应当综合考虑道路交通情况以及劳动者本人的认知和习惯。① 本案中，谈某玉至某洗浴中心休闲及逛街后，为工作目的选择从离工作地最近的地方打车前往工作地，其目的明显是直接回工作单位，该段路线应属上班的合理路线。如果非得要求其再回家中，从家中再乘车去工作单位，方可认

---

① 参见魏洁：《高校教职工工伤认定标准初探》，载《就业与保障》2019 年第 24 期。

定为上班的途中,不符合法律及司法解释的本意,也违背日常经验法则和社会大众的一般认知。

其三,是否属于“上下班的目的”。“以上下班为目的”是构成工伤的前提,是判断“上下班途中”工伤三要素的核心要素,需要融合法律规定和道德标准,做到法理、情理兼备。具体到本案,对于家离单位较远的谈某玉来说,为了确保第二天早上准时上班,选择在前一天晚上提前到学校或出租房,符合一般社会公众的认知,且与日常经验法则相符,该行为符合“上下班的目的”。

（供稿：芜湖市人民检察院　汪美娇）

5. 刘某、王某与杭州某科技公司、合肥某电子公司买卖合同纠纷案

——当事人自行委托鉴定形成的书面意见应否采信

■ 基本案情

2015 年至 2016 年年初，杭州某科技公司（甲方）和合肥某电子公司（乙方）分别签订 2015 年、2016 年区域经销商合作协议，约定甲方许可乙方以甲方区域经销商的名义在指定的行政区域内销售甲方指定的产品，双方就收货、付款等事项进行了约定。2015 年 3 月，刘某出具担保函一份，以其个人资产对合肥某电子公司所欠杭州某科技公司的货款进行担保，直至货款全部还清。2016 年 5 月 20 日，杭州某科技公司向合肥某电子公司发出应收账款对账函一份，要求合肥某电子公司尽快支付到期货款 2271221.5 元。合肥某电子公司盖章确认。杭州某科技公司索要货款无果，遂于 2017 年 1 月诉至法院，提交了对账函、刘某出具的担保函及署名为“王某”的担保函（二份担保函内容基本相同），请求判令合肥某电子公司支付货款 2271221.5 元及逾期付款违约金，刘某、王某对上述款项承担连带付款责任。二审判决以有合作协议、应收账款对账函等证据为凭认为合肥某电子公司应支付货款 2271221.5 元及逾期付款违约金。同时认为，刘某和王某签署的担保函明确对合肥某电子公司所欠杭州某科技公司的货款进行担保，虽然担保函上未载明金额，但担保的范围明确，故本案中，刘某和王某应对合肥某电子公司所欠债务承担连带清偿责任。

一审、二审法院的文书均是通过公告方式向刘某、王某送达的。刘某、王某在知道二审判决后，向安徽省高级人民法院申请再审。其间，王某提交了司法鉴定意见书，证明担保函中王某签名是他人代签。安徽省高级人民法院以刘某、王某

在原审中无正当理由不出庭应诉应视为放弃抗辩及鉴定意见系其单方委托为由，未采信该鉴定意见，裁定驳回再审申请。王某申请检察监督。安徽省人民检察院案件承办人通过询问鉴定人员等方式审查了当事人自行委托形成的笔迹鉴定结论，认为该鉴定意见足以推翻原判决认定的事实，杭州某科技公司不认可上述鉴定意见，但未提供证据推翻亦未提出重新鉴定申请。安徽省人民检察院以该鉴定意见足以推翻原审判决认定的事实为由向安徽省高级人民法院提出抗诉。再审法院最终采纳抗诉意见并改判。

■ 主要问题

当事人自行委托鉴定形成的书面意见应否采信？

■ 意见分析

□ 意见分歧

我国民事诉讼法上所称的鉴定，指的是司法鉴定，所称的鉴定意见，也是特指由人民法院委托有资质的鉴定人通过科学的鉴定手段就案件事实所涉专门性问题出具的相关意见。但同时我国也允许当事人自行委托鉴定，只是这不是司法鉴定，实践中自行委托鉴定的情况普遍存在，司法审查中是否采信该类证据需要结合案件和鉴定情况作进一步的分析认定。

第一种意见认为，王某自行委托鉴定形成的书面意见不应采信。王某在原审中无正当理由未出庭，系放弃了抗辩权，现其又以担保函不是其本人出具为由进行抗辩，不应支持。王某提交的关于担保函落款笔迹中不是王某本人笔迹的鉴定意见系王某单方委托形成，杭州某科技公司又对该鉴定意见不认可。该单方鉴定意见证明力较弱，仅以此不足以充分证明担保函为虚假，即不能仅凭王某自行委托鉴定形成的书面意见推翻原判决。

第二种意见认为，王某自行委托鉴定形成的书面意见可以采信。该鉴定虽是王某单方委托，但是作出该鉴定的安徽某鉴定中心具备相应资质，司法鉴定程序合法，鉴定结论合法有效，应当作为本案认定事实的依据。杭州某科技公司虽对王某委托某鉴定中心鉴定并出具的鉴定意见不认可，但未提出重新鉴定申请。该鉴定意见足以证明原审中担保函落款处“王某”的签名不具有真实性。

□ 意见评析

当事人有提供证据的权利，其单方委托鉴定形成的书面意见作为一种证据形式，是被允许的。考虑到当事人单方自行委托鉴定机构形成的书面意见在科学性、权威性、证明力等方面都可能存在一些缺陷，审查时要对其证明力等问题作进一步的分析认定，着重审查以下几个方面：接受委托的鉴定机构、鉴定人员是否具备相应资格、资质；鉴定过程是否科学、合理；鉴定意见所依据的检材等材料是否具备合法性、真实性、关联性；鉴定意见是否与其他可以查证的证据明显相矛盾，是否有悖常理等。

本案中，王某在得知法院判决其承担担保责任后，委托安徽某鉴定中心对检材担保函上王某名字是否为王某笔迹、指印是否为王某指印进行鉴定。安徽某鉴定中心鉴定后出具鉴定意见：检材担保函落款处“王某”签名字迹与样本1、2、3、4中的王某笔迹不是同一人书写，且检材担保函落款处的红色指印不是王某手指捺印形成。该鉴定虽是王某单方所为，但安徽某鉴定中心、鉴定人员具备相应资格、资质，检材担保函为原件扫描件即系鉴定人员带仪器去法院扫描的原件，笔迹鉴定样本1、2、3均为先前形成的自然样本原件，鉴定程序合法，鉴定方法科学，鉴定意见与本案其他已查证事实亦无矛盾之处。根据最高人民法院《关于民事诉讼证据的若干规定》（2019年修正）第四十一条“对于一方当事人就专门性问题自行委托有关机构或者人员出具的意见，另一方当事人有证据或者理由足以反驳并申请鉴定的，人民法院应予准许”的规定，另一方当事人不认可该鉴定意见但未能提供证据和理由反驳，也未申请重新鉴定，应对该鉴定意见予以采信，不能简单地以该书面意见系当事人单方委托形成及对方不认可就不予采信。而且，根据最高人民法院《关于适用〈中华人民共和国民事诉讼法〉的解释》第一百零二条的规定，对于当事人逾期提交的证据，如果涉及基本事实的证明，则该证据不失权。本案中，应对王某提交的鉴定意见予以审查，且原审中实际上并未将传票等文书送达给王某，没有充分保障王某的辩论权利。

（供稿：安徽省人民检察院　张克德　魏少敏）

6. 巢湖市某典当有限责任公司与巢湖市某包装有限公司典当合同纠纷案

——典当行预扣综合服务费和利息的应当如何计算实际借款金额，绝当后是否应当继续计算综合服务费

■ 基本案情

2014年1月18日，巢湖市某典当有限责任公司（以下简称典当公司）作为典当权人（甲方）与作为典当人（乙方）的巢湖市某包装有限公司（以下简称祥和公司）签订《典当借款合同》和《房地产借款抵押典当合同》，合同约定乙方向甲方借款金额为230万元。祥和公司以其厂房车间、办公楼等资产作为债务担保，并于2014年1月29日办理了抵押登记。同日，典当公司在预扣综合服务费和利息后汇入祥和公司苗某富个人账户的金额为2186150元。合同约定乙方到期不偿还本合同项下典当借款本金及利息的，甲方有权把典当物作为绝当处理，变卖所得按《典当管理办法》处置。合同还约定了借款利息、违约处理方式等内容。

祥和公司股东为任某国、苗某富、汪某军。苗某富是公司法定代表人。2020年3月，任某国、汪某军在得知苗某富用公司房产抵押借款后提起诉讼，巢湖市人民法院于2020年4月17日判决确认，祥和公司与典当公司签订典当合同和典当抵押合同时，祥和公司向典当公司提交的“股东会决议”中股东汪某军、任某国的签字系苗某富伪造，祥和公司借款时提供的股东会决议无效，该判决已生效。

2014年12月16日，典当公司提起诉讼，请求祥和公司归还典当借款230万元和综合服务费、利息112160元；典当公司对抵押登记的房地产享有优先清偿

权。巢湖市人民法院于 2015 年 3 月 17 日判决，判令祥和公司偿还借款 230 万元及自 2014 年 10 月 10 日起至全部典当借款清偿之日止的利息（按当金 230 万元每月的 0.6% 计）、综合服务费（按当金 230 万元每月的 2.7% 计）；同时确认典当公司对抵押房地产经拍卖、变卖后的价款享有优先受偿权。

祥和公司股东汪某军、任某国认为生效判决错误，向巢湖市人民检察院申请监督。巢湖市人民检察院依法受理并审查后，经院检察委员会讨论决定，向巢湖市人民法院提出再审检察建议。检察机关通过调阅卷宗并询问当事人，认为生效判决认定事实及适用法律均有错误。理由如下：(1) 祥和公司与典当公司签订典当合同和祥和公司出具借条载明的借款金额为 230 万元，在预扣综合服务费和利息后，典当公司实际汇入苗某富个人账户的金额为 2186150 元。因此，典当金额应确定为 2186150 元。(2) 祥和公司与典当公司签订典当合同约定的当期自 2014 年 1 月 28 日起至 3 月 27 日止，之后双方并未续当，为绝当。当期以外收取综合服务费没有法律依据，而原审判决判令祥和公司自 2014 年 10 月 10 日起至典当借款清偿之日仍支付综合服务费，适用法律错误。

巢湖市人民法院认为该判决确有错误，采纳了巢湖市人民检察院的再审检察建议，裁定对该案进行再审。2021 年 8 月 30 日，巢湖市人民法院再审判决：撤销原民事判决；祥和公司归还原典当公司借款 1737540.64 元及利息；典当公司对抵押房地产经拍卖或变卖后的价款享有优先受偿权。

■ 主要问题

典当行预扣综合服务费和利息的，应当如何计算实际借款金额？绝当后是否应当继续计算综合服务费？

■ 意见分析

第一，检察机关在办理典当纠纷监督案件中发现典当行预扣综合服务费和利息的，应当按照实际借款金额认定典当金额并依法计算综合服务费和利息。人民法院应当遵循衡平保护典当行与当户合法权益的司法概念与价值取向，本案中预扣综合服务费和利息影响了当户使用当金的期限利益，应当将典当行实际交付金额认定为本金，并据此计算相应的综合服务费和利息。而当约定的月利率高于法定利率时，应当按照法定利率计算，超出部分人民法院应当不予支持。

第二，发现绝当后依然诉请收取综合服务费并获支持的，检察机关应对其适用法律错误行为进行监督,保护当事人合法权益。绝当后,双方的典当关系终止,典当行应当按照法定程序及时处理绝当物,避免损失扩大。若允许典当行在绝当后继续向当户收取综合服务费,则可能导致典当行为了多收取费用而拖延处分绝当物,从而增加当户负担,损害当户利益,故对典当行绝当后继续计算综合服务费的主张,不予支持。检察机关在办案过程中发现人民法院的生效裁判中支持绝当后收取综合服务费的,可以向其提出再审检察建议,保护当户的合法权益。

(供稿:合肥市巢湖市人民检察院　陈雅静)

7. 安徽某置业有限公司等当事人与武某某民间借贷纠纷执行监督案

——执行程序中超标的额查封的审查认定

■ 基本案情

2017 年 11 月 6 日，武某某向颍上县人民法院提出诉讼保全申请，请求查封安徽某置业有限公司（以下简称某置业公司）等当事人价值 2700 万元的银行存款或同等价值财产。11 月 28 日，人民法院作出民事裁定，查封某置业公司开发的住宅 59 套。根据商品房销售标价和物价部门《拟销售商品房屋备案审批表》中的价格标准，59 套住宅总价约 3700 万元。12 月 28 日，颍上县人民法院作出一审判决，当事人不服上诉。阜阳市中级人民法院二审判令某置业公司等当事人于判决生效之日起 30 日内偿还武某某欠款 26274162 元及利息（以 2338 万元为本金，从 2017 年 9 月 24 日起按年利率 24% 计算至履行完毕为止）。

2018 年 9 月 28 日，武某某向颍上县人民法院申请强制执行。12 月 21 日，颍上县人民法院裁定冻结某置业公司等当事人的银行存款 26367836 元。12 月 24 日裁定冻结某置业公司等当事人的银行存款 3500 万元。执行过程中，双方当事人达成《执行和解协议》，某置业公司等当事人陆续偿还 1600 万元债务。颍上县人民法院裁定解除 16 套住宅的查封措施。

2019 年 11 月 27 日，颍上县人民法院裁定续行查封某置业公司的 43 套住宅。根据商品房销售标价和物价部门《拟销售商品房屋备案审批表》中的价格标准，43 套房产价值 3300 余万元。

2020 年 8 月 25 日，颍上县人民检察院向颍上县人民法院发出检察建议。颍上县人民检察院认为，该案存在超标的额查封问题。武某某的诉讼保全申请标的额为2700万元,法院实际查封房产总价达3700余万元,执行程序中再次冻结被执行人的银行存款,人民法院明显超标的额查封,建议人民法院纠正超标的额查封的违法行为。10月23日,颍上县人民法院回函称,查封财产价值与执行标的额相当,不存在超标的额查封问题,不采纳检察建议。颍上县人民检察院提请阜阳市人民检察院跟进监督。

2021年1月14日,阜阳市人民检察院向阜阳市中级人民法院发出检察建议,认为颍上县人民法院存在超标的额查封问题,有违善意文明执行理念,建议纠正。2月8日,颍上县人民法院裁定解除对某置业公司43套房产的查封。

■ 主要问题

检察机关民事执行监督中,如何审查认定超标的额查封?

■ 意见分析

□ 意见分歧

最高人民法院《关于人民法院民事执行中查封、扣押、冻结财产的规定》(2020年修正)第十九条规定:"查封、扣押、冻结被执行人的财产,以其价额足以清偿法律文书确定的债权额及执行费用为限,不得明显超标的额查封、扣押、冻结。发现超标的额查封、扣押、冻结的,人民法院应当根据被执行人的申请或者依职权,及时解除对超标的额部分财产的查封、扣押、冻结,但该财产为不可分物且被执行人无其他可供执行的财产或者其他财产不足以清偿债务的除外。"该规定既确定了以生效法律文书确定的债权数额进行查封、扣押、冻结,不得随意超出的一般规定,又规定了财产为不可分物等不足以清偿债权的特殊条款。2020年1月2日,最高人民法院《关于在执行工作中进一步强化善意文明执行理念的意见》也提出禁止超标的额查封和乱查封。实践中,对于是否属于超标的额查封的认识不一。如何把握标准,在保障申请执行人债权实现和保护被执行人合法财产不受非法侵害之间取得平衡,成为民事执行监督中的重大课题。

第一种意见认为,本案不构成超标的额查封。一是缺乏准确认定被查封财产价值的评估程序,法官无法客观判断查封的财产价值。二是查封财产价格受市场供求关系、政策变化等因素影响,具有不确定性。三是执行程序中可能出现降价拍卖等情形,难以保证申请执行人债权得到全部清偿,故对被执行人权益予以限制,不宜认定超标的额查封。

第二种意见认为，本案构成超标的额查封。一方面，人民法院在采取查封措施前，应对标的物的价值进行初步判断。对于不动产的价值，可通过价格评估、与同类市价对比、备案价格查询等途径确认，降低判断的主观性。另一方面，查封财产时要考虑各方利益，依法、适度，损益得当，考量查封措施给当事人造成的损失和执行目标实现之间的价值平衡。

□ 意见评析

笔者同意第二种意见。查封、扣押、冻结措施若被不当行使，会给被执行人带来负担，抑制市场活力，尤其对民营企业的打击更为致命。检察机关在履行民事执行监督职责中，要注重保护被执行人的合法权益，依法纠正明显超标的额查封的违法行为。在审查明显超标的额查封的监督案件时，应围绕标的物价值审查，综合考虑利益平衡和损益得当。

第一，审查超标的额查封的基本步骤。一是查明申请执行标的额，包括生效判决确定的数额和债务利息、违约金、罚息、滞纳金以及案件受理费、保全申请费、迟延履行金和迟延履行利息等。二是审查被查封财产的价值。银行存款按照实际冻结的金额计算，包括后续转入的资金，累计计算。不动产以市场成交价、备案价、网络询价等估算。车辆、船舶、飞机、机器设备等依据重置成本、折旧情况等确定。三是查明被查封财产是否具有扣除情形。最高人民法院《关于人民法院民事执行中查封、扣押、冻结财产的规定》（2020 年修正）第二十六条第一款规定："对已被人民法院查封、扣押、冻结的财产，其他人民法院可以进行轮候查封、扣押、冻结。查封、扣押、冻结解除的，登记在先的轮候查封、扣押、冻结即自动生效。"轮候查封在首次查封未解除前，其查封并不生效，故轮候查封的财产，不应当计算为查封财产价值。另外，被查封财产设有抵押、质押等优先权的，若相应财产被处置，应清偿优先权人的债权，这时需要考虑优先权的因素，不应当计算为查封财产价值。四是拍卖折价价格不应予以扣除。最高人民法院《关于人民法院民事执行中拍卖、变卖财产的规定》（2020 年修正）第五条规定："拍卖应当确定保留价。拍卖财产经过评估的，评估价即为第一次拍卖的保留价；未作评估的，保留价由人民法院参照市价确定，并应当征询有关当事人的意见。如果出现流拍，再行拍卖时，可以酌情降低保留价，但每次降低的数额不得超过前次保留价的百分之二十。"拍卖标的物一般系以评估价作为保留价，系对标的物本身价值的确认。流拍后折价系基于人民法院对标的物折现失败后，为鼓励市场主体积极参与竞买从而实现变现的一种激励程序，是对未来可能发生风险的预判处置。进入拍卖程序后，因拍卖标的物本身的市场供需,也会存在溢价拍卖的情形。将不可预估的风险转嫁到被执行人身上,显然损害了被执行人的合法权益,故不应提前扣除拍卖折价价格。

第二,审查是否存在超标的额查封的具体原则。一是依法执行原则。民事执行应遵循民事诉讼法及有关法律的规定进行,贯彻宪法精神,保护各方主体的合法权益。主要体现在,查封应以申请保全的债权额为限,不宜扩大。二是整体化处理原则。不动产查封区分为可分割查封与不可分割查封,对于无法分割或无法比例化处理的财产,应当设计整体化查封及变现方案。这种整体化处置能够提升财产变现价值,符合"善意文明执行"的理念。三是损益得当原则。损是指查封财产对被保全人造成的利益损害,益则是指因查封财产获得案件标的额成功受偿。在查封时,要对申请保全标的额与保全财产价值之间是否存在明显差异进行初步判断,降低查封对相对人生活、生产经营的影响。

第三,对本案查封行为的审查和认定。一是本案中查封房产价值远超标的额。诉讼保全申请标的额为2700万元,人民法院在保全中应以2700万元为限,但实际查封房产总价约3700万元。二是执行程序中冻结被执行人的银行存款后,应及时解除房产查封,已没有继续查封房产的必要性。三是被执行人履行1600万元标的额债务后,颍上县人民法院解封16套房产,剩余43套房产继续查封。涉案被执行人系房地产开发企业,人民法院在执行中应保持适度的善意文明执行理念。民营企业囿于资产规模,一次超标的额查封,带来的可能就是一次致命的打击。人民法院应将查封标的额限定在合理范围内,尽量降低使企业陷入生产经营困境的风险。

(供稿:阜阳市颍上县人民检察院　王艳梅)

8. 丁某某与安徽某建设工程项目管理有限公司、合肥高新技术产业开发区人事劳动局、合肥市人力资源和社会保障局行政确认及行政复议决定抗诉案

——工伤认定中上下班途中“合理时间”和“合理路线”的定性

■ 基本案情

原审第三人丁某某的父亲程某某系安徽某建设工程项目管理有限公司（以下简称恒正公司）聘用的、在合肥航空新城项目从事工程项目监理的员工。2017 年 3 月 29 日 16 时 40 分左右，程某某发生交通事故受重伤，后经医院抢救无效死亡。公安机关的道路交通事故认定书认定程某某在本次交通事故中无责。合肥高新技术产业开发区人事劳动局（以下简称高新区劳动局）于 2018 年 6 月 11 日作出《认定工伤决定书》，认定程某某受到的事故伤害为工伤。恒正公司不服，向合肥市人力资源和社会保障局（以下简称合肥市人社局）提起了行政复议，合肥市人社局于 2018 年 11 月 7 日作出《行政复议决定书》决定维持。2019 年 1 月 14 日，恒正公司以高新区劳动局、合肥市人社局为被告，以丁某某为第三人提起行政诉讼，请求撤销《认定工伤决定书》和《行政复议决定书》。合肥高新技术产业开发区人民法院（以下简称高新区法院）一审认为，根据恒正公司上下班制度，正常情况下不可以提前下班，另外，程某某违章横穿长江西路，不是正常的合理的上下班路线，于 2019 年 4 月 25 日判决撤销高新区劳动局作出的《认定工伤决定书》和合肥市人社局作出的《行政复议决定书》，并责令高新区劳动局在法定

期限内重新作出行政行为。丁某某不服上诉,合肥市中级人民法院于2019年11月29日判决驳回上诉,维持原判。丁某某申请再审,安徽省高级人民法院裁定驳回其再审申请。

2021年2月26日,丁某某申请检察监督。合肥市人民检察院审查后提请安徽省人民检察院抗诉。8月13日,安徽省人民检察院审查后提出抗诉。安徽省高级人民法院指令合肥市中级人民法院再审本案。合肥市中级人民法院于12月13日作出(2021)皖01行再18号行政判决,全部采纳了检察机关的抗诉理由和抗诉意见,撤销原审行政判决,驳回恒正公司的诉讼请求。

■ 主要问题

工伤认定中上下班途中"合理时间"和"合理路线"如何界定?下班途中绕行路线的合理性如何判断?

■ 意见分析

□ 意见分歧

基于《工伤保险条例》保障因工作遭受事故伤害或者患职业病的职工获得医疗救治和经济补偿之立法目的,对工伤保险条例中的"上下班途中"的界定,根据最高人民法院《关于审理工伤保险行政案件若干问题的规定》的解释,应理解为在合理时间内往返于工作地与住所地、经常居住地、单位宿舍的合理路线的上下班途中。但上下班"合理路线"和"合理时间"的界定不能机械认定和随意裁量,均须综合合理考量。

第一种意见认为,程某某违反单位规定的时间提前离开工作岗位,该行为不属于职工正常的上下班范畴,不符合上下班途中的时间要求;其行驶方向上出现了反方向行驶的情形,应该认定为不合理下班路线。

第二种意见认为,程某某的工作岗位是工程现场监理,并非完全坐班制,提前半小时左右下班亦属于适当地早于或迟于规定上下班时间,应属于合理时间的范畴;程某某下班行驶方向上虽然有绕道西向没有直接东向的情形,但当时案涉路段存在修地铁的客观事实,当事人根据实际情况选择短程绕行部分路线并未违反回家逻辑下路线选择的合理性,应当属于合理路线的选择。

□ 意见评析

笔者同意第二种意见。对"上下班途中"的界定一直是工伤认定和司法实践中重点的争议问题，[①]相关判决的观点也大相径庭，主要原因是对合理时间和合理路线的界定没有规范标准，司法裁量的主观性过大。主要有严格按照单位通常上下班时间和上班、回家最短路线进行判断和根据工作性质允许一定时间弹性和选择路线自由两种意见，裁量的主观性直接影响同类案件法律适用的稳定性和公正性，且直接影响劳动者基本劳动权益保护。认定上下班合理时间和合理路线的关键，在于通过对涉案上下班时间和路线的基本特征进行阐释，明确“合理时间”和“合理路线”的边界和认定原则，在此基础上依法认定。

第一，充分利用在案证据，综合分析岗位性质、上下班时间节点、实际交通路况、行驶工具方式等因素，恰当界定合理时间和合理路线。根据最高人民法院《关于审理工伤保险行政案件若干问题的规定》第六条规定的“上下班途中”的四种情形可知，“上下班”主要是用于限定“途中”的目的和原因，强调职工应当是为开始或结束工作而往返于工作地和居住地，时间因素只要是在合理范围内，原则上就不能单独直接决定“上下班途中”的认定，适当地早于或迟于规定上下班时间，都属于“合理时间”的范畴。“合理路线”也应当根据路况和耗费时间等综合因素判断，并非唯一路线或限于简单的路程最短，应该结合实际交通、天气等状况，符合常理逻辑下，有合理弹性，并赋予行驶人基于安全考量下的自由选择度。

本案中，恒正公司虽提供了职工代表大会决议、劳动纪律管理制度，但程某某是工程现场监理而非坐班岗位，事故发生当日程某某存在早退行为的证明力不足，即使存在早退，也应受劳动纪律制裁，不应影响“上下班途中”的认定；[②]程某某发生道路交通事故地点虽在其绕行路线上，但程某某行驶方向上并未违反回家路线逻辑，虽然有绕道西向没有直接东向通行，但当时涉案路线在修地铁，几个路口均存在半封闭不方便通行的客观事实，当事人根据实际情况选择短程绕行部分路线仍然属于合理范围之内，具备正当性。故而，程某某系在合理时间、合理路线的下班途中发生非本人主要责任的交通事故，应当认定为工伤。

第二，调查分析当事人的行为目的，把握“上下班途中”的合理边界，从路线选择的正当性上判断其是否具备下班回家的合理逻辑。人民检察院在办理工伤认定诉讼监督案件中，应当注重调查核实，促进法院、检察院在基本事实认定和法律适用上

---

① 参见江必新、何东宁、王莉：《最高人民法院指导性案例裁判规则理解与适用 · 劳动争议卷》，中国法制出版社 2013 年版，第 88 页。

② 参见杨科雄：《上下班途中工伤认定的法律适用探究》，载《法律适用》2014 年第 11 期。

形成共识。可以上下班为目的和正当需要为基础合理界定“上下班途中”合理时间、合理路线。应当调查了解当事人提前下班或者晚下班的理由，存在多处住所地的，应调查其选择不同住所的理由。除此之外，往返于配偶、父母、子女的居住地也应当视为正当需要，[①]甚至下班途中，因正当生活需要进行购物然后回家，亦可属于正当需要的活动路线。也就是说，只要有正当理由的，均属于合理范围。[②]

本案中，检察机关围绕程某某下班时间和回家路线的合理范围进行调查核实，调阅法院审判案卷，现场勘查了程某某下班回家路线情况，询问高新区劳动局工作人员，并调取涉案交通事故发生时的天气、涉案路段地铁施工路况等公告信息。相关证据可以证明程某某根据地铁施工、道路封闭等实际状况，没有明显背离下班回家路线，骑行电动车进行的短程绕行具备正当性和合理性。

第三，准确把握工伤保险司法解释内涵和宗旨，规范法律适用，最大限度地保障劳动者的合法权益。针对不确定法律概念作具体化判断时应考虑四个因素：一是法律条款中的相关规定；二是立法的目的和意图；三是社会生活经验；四是价值判断。[③] 符合《工伤保险条例》保障因工作遭受事故伤害或患职业病的职工获得医疗救治和经济补偿之立法目的。根据人力资源和社会保障部《关于执行〈工伤保险条例〉若干问题的意见（二）》第六条的规定，“职工以上下班为目的、在合理时间内往返于工作单位和居住地之间的合理路线，视为上下班途中”。因此，劳动者提前下班无论是否办理相关手续，只要是以下班为目的返回合理住所，都应该属于下班行为，属于“上下班途中”，不能因为提前下班而否定其依照国家法律规定应当享有的工伤待遇。再对照《工伤保险条例》第十四条第六项的表述，与旧法《企业职工工伤保险试行办法》（已失效）中第八条第九项“在上下班的规定时间”这一表述的区别，《工伤保险条例》取消“在上下班的规定时间”能体现出上述充分保障受伤职工合法权益的立法目的。从这个意义上讲，对于提前下班是否属于“上下班途中”“合理时间”，以及下班路线的选择是否合理，应该结合具体案件客观原因并充分考虑正当性需要因素，作出有利于保护无过错受伤职工的解释。

司法实践中对“合理时间”和“合理路线”的认定，具有主观性，但如果裁量权突破合理性，就会损害司法裁判的权威性。通过检察监督促进对“上下班途中”

---

① 参见最高人民法院《关于审理工伤保险行政案件若干问题的规定》第六条。

② 参见杨科雄：《上下班途中工伤认定的法律适用探究》，载《法律适用》2014 年第 11 期。

③ 参见王利明：《法律解释学》（第 2 版），中国人民大学出版社 2016 年版，第 309 页。

“合理时间”和“合理路线”的认定标准的统一，对保障劳动者的工伤保险权利、规范法官裁量权，共同维护司法权威和司法公信力具有重要意义。

（供稿：安徽省人民检察院　赵　杰、合肥市人民检察院　饶　远）

9. 吴某某、尹某某与芜湖某房地产公司商品房买卖合同纠纷案

——格式合同中明显加重对方义务、减轻自己责任的条款是否有效，检察机关能否依职权监督

■ 基本案情

2016年9月8日，芜湖某房地产公司（以下简称某房产公司）与吴某某、尹某某夫妻二人签订《商品房买卖合同（预售）》，约定吴某某、尹某某以155.8万元购买某房产公司开发的房屋，首付款78.8万元，余款77万元由该公司提供担保向银行贷款支付。合同违约责任为：因出卖人的原因，买受人未能取得该商品房的房屋所有权证书的，由出卖人一次性支付给买受人全部房价款万分之0.15的违约金。如买受人逾期办理《房屋产权证》等相关手续，买受人按日向出卖人支付总房款万分之1.5的违约金。双方还签订了《补充协议》和《特别约定》，约定买受人逾期办理房屋所有权转移登记手续的须按日向出卖人支付总房款万分之1.5的违约金，没有约定因出卖人的原因不能办理或逾期办理应承担何种违约责任。

某房产公司交付房屋后，吴某某、尹某某办理了按揭贷款，并按月归还银行贷款，但一直未办理《房屋产权证》等相关手续。某房产公司诉至芜湖市湾沚区人民法院，请求判令吴某某、尹某某支付逾期办证违约金231363元。该院认为某房产公司诉请于法有据，但违约金标准过高应予调整，作出（2019）皖0221民初3045号民事判决，判令吴某某、尹某某给付某房产公司违约金7.79万元。

吴某某、尹某某因新冠疫情未能在法定期限内上诉。判决生效后，某房产公司申请强制执行。芜湖市湾沚区人民法院对吴某某夫妻二人采取了冻结银行账户等强制执行措施。后某房产公司与吴某某、尹某某达成和解，吴某某、尹某某一

次性支付该公司 4 万元,某房产公司放弃其余款项。

芜湖市湾沚区人民检察院在办案中发现某房产公司与购房户的商品房买卖合同判决可能存在错误,考虑到该格式合同侵害的是不特定的广大购房户利益,遂依职权进行监督。该院认为,某房产公司提供的《商品房买卖合同(预售)》、《补充协议》以及《特别约定》均是格式条款合同。在办理房屋登记方面,双方承担的违约责任严重不对等,属于不合理减轻出卖人责任、加重买受人责任的情形。此外,吴某某、尹某某等购房者虽逾期办理房产证,但他们一直按时归还按揭贷款,并未导致某房产公司承担担保责任。某房产公司亦未举证证明因购房者的逾期办证产生了相应损失,不属于《商品房买卖合同(预售)》中约定的买受人应承担出卖人的所有损失的情形。湾沚区人民检察院遂建议湾沚区人民法院对某房产公司诉吴某某、尹某某商品房买卖合同纠纷案及另两个类似民事案件进行再审。

芜湖市湾沚区人民法院认为,涉案判决未损害国家利益、社会公共利益或他人合法权益,现当事人已达成和解且履行完毕,无启动再审之必要,对再审检察建议不予采纳。芜湖市湾沚区人民检察院认为该格式合同侵害的是不特定的广大购房户利益,符合受案条件,就上述三案件向芜湖市人民检察院提请抗诉。芜湖市人民检察院审查认为,检察机关是法律监督机关,如果发现法院作出的生效判决、裁定确有错误,有权依照法律监督程序提出抗诉,这是法律赋予的检察权,不以当事人的意志为转移。本案双方签订的《商品房买卖合同(预售)》部分条款属于霸王条款,根据《民法典》的相关规定应属无效,生效判决适用法律错误。就上述三案件,向芜湖市中级人民法院提出抗诉。芜湖市中级人民法院对该三案件启动再审,对某房产公司诉吴某某、尹某某案直接改判:撤销原判,驳回某房产公司的原审诉讼请求。

■ 主要问题

房地产开发商与购房者签订商品房买卖合同,提供的格式合同中明显加重对方义务、减轻自己责任的条款是否有效?检察机关能否依职权监督?

■ 意见分析

□ 意见分歧

第一种意见认为,某房产公司与吴某某、尹某某商品房买卖合同纠纷案系个案,没有损害国家利益、社会公共利益,不属于检察机关依职权监督范畴,某房产公司与吴某某、尹某某签订的商品房买卖合同系当事人真实意思表示,内容不违反法律规定,合法有效,且当事人在执行过程中已达成和解并履行完毕,无监督之必要。

第二种意见认为,某房产公司与吴某某、尹某某案中涉及的格式合同侵害的是不特定的广大购房户利益,属于检察机关依职权监督范畴;某房产公司与吴某某、尹某某签订的商品房买卖合同部分条款显失公平,应属无效,检察机关是法律监督机关,如果发现法院作出的生效判决、裁定确有错误,有权监督,这是法律赋予的检察权。

□ 意见评析

笔者同意第二种意见,理由如下。

第一,《商品房买卖合同(预售)》系房产公司为了重复使用预先制定,并在合同订立时未与对方协商单方面制定的合同,经营者为了逃避法律义务,减轻自身责任或增加购房者义务、加重购房者责任的不平等格式合同条款,被人民群众视为"霸王条款",应属侵害了社会公共利益。某房产公司作为专业从事商品房开发与销售的企业,本应遵循诚实信用与契约自由原则,在与购房者充分协商的基础上对双方的权利义务进行约定,但本案中涉及的格式合同部分条款显失公平,不仅影响了吴某某、尹某某等购房户的合法权益,该房产公司还因为买受人延期办证,起诉要求多名买受人支付违约金,该系列案件有些已经芜湖市中级人民法院再审改判。此外,该房产公司开发的楼盘涉及众多购房者,检察机关当然要依职权对这种利用优势地位、侵害普通群众利益的行为依法监督,保护当事人合法权益,保障司法公正。

第二,根据《合同法》第四十条的规定,提供格式条款一方免除其责任、加重对方责任、排除对方主要权利的,该条款无效。[①] 本案某房产公司提供的《商品房买卖合同(预售)》、《补充协议》以及《特别约定》均属格式条款的合同。在办理房屋登记方面,双方承担的违约责任严重不对等,根据上述协议,以买受人延迟办证时间计算,买受人违约须承担违约金 231363 元,而出卖人延迟违约仅须承担违约金 23.37 元,买受人逾期办理房屋所有权转移登记手续的需按日向出卖人支付违约金,因出卖人的原因不能办理或逾期办理的应承担何种违约责任却未作约定,出

① 现规定于《民法典》第四百九十七条中。

卖人可以无限期拖延办证。因此,双方的权利义务严重失衡,属于不合理减轻出卖人责任,加重买受人责任的情形,符合上述《合同法》第四十条规定的情形,该格式条款应属无效。法院判决合同有效应予纠正。

第三,本案的受理发生在《民法典》颁布后、施行前,检察监督发生在《民法典》施行后。可以说,检察机关对本案的监督是伴随着《民法典》的颁布实施而展开的。我国《民法典》充分吸收了《合同法》有关格式条款的精神,并将其体系化和精细化。《民法典》中有关格式条款的界定、格式条款提供方应尽义务、格式条款无效情形等规定,为本案的成功办理奠定了坚实的规范基础。

(供稿:芜湖市湾沚区人民检察院　周亚群)

10. 郑某某与储某某买卖合同纠纷审判程序监督案

——逾期付款违约金没有约定时的认定标准

■ 基本案情

郑某某从事食品调料批发生意。2018 年至 2019 年，郑某某向合肥某酒店出售食品调料。储某某系该酒店员工，郑某某所送食品调料均由储某某负责验收、报账及付款。2019 年 5 月 31 日，经双方结算，储某某向郑某某出具了一份欠条。欠条载明："欠郑某某调料货款人民币 13700 元（壹万叁仟柒佰元整）6 月 5 日之前结清所有货款 储某某 2019.5.31。"因储某某未按约定付清货款，郑某某于 2021 年 9 月 13 日向霍山县人民法院提起买卖合同纠纷诉讼，请求判令储某某支付货款 13700 元及利息 1250 元，合计 14950 元。9 月 29 日，霍山县人民法院作出（2021）皖 1525 民初 1678 号民事判决，认为郑某某向储某某供应食品调料，该食品调料归储某某所有并已结算，储某某理应支付价款；郑某某主张利息，因双方未书面明确违约责任，证据不足，不予支持。判令储某某于判决书生效之日起十日内给付郑某某买卖款 13700 元，驳回郑某某的其他诉讼请求。

霍山县人民检察院依职权对霍山县人民法院的审判活动进行了审查，于 2022 年 7 月 28 日提出检察建议，建议霍山县人民法院在今后工作中，严格执行法律规定，规范审理程序。霍山县人民法院的回复意见：采纳霍山县人民检察院的建议，在今后的工作中将进一步严格执行法律规定，规范审理程序。

■ 主要问题

逾期付款利息属违约金的具体形态之一，若当事人在合同中没有约定逾期付款违约金，在买受人没有按约支付价款时，如何保护卖方合法权益？

■ 意见分析

□ 意见分歧

第一种意见认为,买卖合同是出卖人转移标的物的所有权于买受人,买受人支付价款的合同。逾期违约金的适用应当以双方当事人约定为前提。逾期付款违约金是合同一方当事人迟延履行付款义务时依约应向对方当事人支付的一定金钱或其他给付。本案中,郑某某向储某某供应食品调料,该食品调料归储某某所有并已结算,储某某理应支付价款;关于郑某某主张利息的请求,因双方未书面明确违约责任,证据不足,不应支持。

第二种意见认为,郑某某与储某某在欠条中约定了货款的付款期限,后储某某在约定的付款期限内未予给付,已构成违约。郑某某主张逾期付款利息损失,应当支持。关于利息的计算标准,依据最高人民法院《关于审理买卖合同纠纷案件适用法律问题的解释》第十八条第四款的规定,可按照中国人民银行同期同类人民币贷款基准利率为基础,参照逾期罚息利率标准计算。

□ 意见评析

笔者同意第二种意见。第一种意见认为郑某某主张利息,因双方未明确违约责任,不应支持。此观点未充分虑及由于一方违约给相对方造成的无法获得金钱产生的法定孳息的损失,这对守约方不公平,且未能充分理解买卖合同中关于逾期付款违约金的相关法律规定。

《民法典》第五百八十五条第一款规定:“当事人可以约定一方违约时应当根据违约情况向对方支付一定数额的违约金,也可以约定因违约产生的损失赔偿额的计算方法。”这表明,当事人一方违约时,是否适用违约金责任,取决于当事人的约定。但是,实践中买卖合同双方当事人没有约定逾期付款违约金,买受人逾期付款后,是否需要承担逾期付款违约金责任以及违约金应如何计算?最高人民法院《关于审理买卖合同纠纷案件适用法律问题的解释》第十八条第四款作出了明确规定:“买卖合同没有约定逾期付款违约金或者该违约金的计算方法,出卖人以买受人违约为由主张赔偿逾期付款损失,违约行为发生在 2019 年 8 月 19 日之前的,人民法院可以中国人民银行同期同类人民币贷款基准利率为基础,参照逾期罚息利率标准计算;违约行为发生在 2019 年 8 月 20 日之后的,人民法院可以违约行为发生时中国人民银行授权全国银行间同业拆借中心公布的一年期贷款市场报价利率(LPR)标准为基础,加计 30 – 50% 计算逾期付款损失。”由该司法解释可知，当事人如约定了逾期付款违约金标准的，应从其约定；当事人没有约定的，根据违约行为发生的时间，可以参照法定标准，即中国人民银行同期同类人民币贷款基准利率为基础，参照逾期罚息利率标准计算或者以一年期的 LPR 为基础，加计 30% –50% 计算逾期付款损失。换言之，逾期付款违约金的计算标准，有约定依约定，无约定依法定。

本案中，郑某某与储某某在欠条中约定了货款的付款期限，即“6 月 5 日之前结清所有货款”，但储某某在约定的付款期限内未予给付，已构成违约，郑某某本可以获得由该金钱所产生的法定孳息，郑某某因此受到损失。因违约行为发生在 2019 年 8 月 19 日之前，故郑某某主张逾期付款利息损失，可以中国人民银行同期同类人民币贷款基准利率为基础，参照逾期罚息利率标准计算。霍山县人民法院以双方未书面明确违约责任为由，不予支持利息损失，违反了最高人民法院《关于审理买卖合同纠纷案件适用法律问题的解释》第十八条第四款的规定，侵犯了当事人的合法权益。

检察机关在办理买卖合同民事纠纷监督案件中，应当加强对逾期违约金法律适用相关问题的监督，准确适用关于买卖合同中逾期付款违约金的法律规定，及时监督纠正错误裁判，维护司法公正和人民群众的合法权益。

（供稿：安徽省霍山县人民检察院　陈　蕾）

11. 霍邱某银行与霍邱庆某公司、霍邱某担保公司、31名农户金融借款合同纠纷检察监督案

——虚构贷款协议后追加担保，担保公司是否应对借款债务承担担保责任

■ 基本案情

2012年12月底，中国农业银行股份有限公司霍邱支行（以下简称霍邱某银行）与姜某等31名农户分别签订农户金融借款合同，主要内容有：借款金额为80万元到90万元不等；借款用途为购买原材料；借款期限为1年，借款利率为借款发放日所对应的中国人民银行同期同档次人民币贷款基准利率基础上上浮20%确定；按利随本清方式还款，到期一次性归还借款本息；借款人未按约定期限归还借款本息的，借款人对逾期借款从逾期之日起在借款执行利率基础上上浮30%计收罚息。安徽庆某集团有限公司（以下简称霍邱庆某公司）在合同中"担保人"处盖公章并由其授权代理人签字。合同签订后，姜某等31名农户在霍邱某银行出具的借款凭证中"借款人"处签字，凭证中确定的年利率为7.2%。同日，姜某等31名农户在个人贷款资金支付授权委托书的"授权人（借款人）"处签字，委托霍邱某银行将贷款资金2770万元支付到霍邱庆某公司的账户。2013年5月14日，霍邱县某担保有限公司（以下简称霍邱某担保公司）与霍邱某银行签订保证合同，为姜某等31名农户在霍邱某银行处的贷款提供担保，担保范围包括本金、利息、罚息、复利、违约金、损害赔偿金，以及诉讼（仲裁）费、律师费等债权人实现债权的一切费用，保证方式为连带责任保证，保证期间为主合同约定的债务履行期限届满之日起2年。

2016年1月14日，霍邱某银行以霍邱某担保公司、霍邱庆某公司、姜某等31

名农户为被告分别提起 31 个诉讼,请求确认担保合同有效,并判令霍邱庆某公司、霍邱某担保公司偿还发放给姜某等 31 名农户的借款本金及利息,承担连带清偿责任。在审理过程中霍邱某银行撤回了对姜某等 31 名农户的起诉。霍邱县人民法院判决:(1)2013 年 5 月 14 日签订的保证合同有效;(2)霍邱庆某公司、霍邱某担保公司对发放给姜某等 31 名农户的借款本金 2770 万元及利息承担连带清偿责任。一审判决后,个别案件上诉,二审维持。

霍邱县人民检察院依职权受理本案后提请六安市人民检察院抗诉。六安市人民检察院向六安市中级人民法院提出抗诉。六安市中级人民法院指令霍邱县人民法院再审。霍邱县人民法院再审时认同检察机关的抗诉理由,判决撤销霍邱县人民法院(2016)皖 1522 民初 198 号等 31 份民事判决;确认霍邱某银行与霍邱某担保公司之间的保证合同无效;由霍邱庆某公司返还银行发放给姜某等 31 名农户的借款本金和赔偿资金占用期间损失;霍邱某担保公司承担 31 名农户的借款本金和赔偿资金占用期间损失 20% 的赔偿责任。

■ 主要问题

虚构贷款协议后追加担保,担保公司是否应对借款债务承担担保责任?

■ 意见分析

检察机关经调查核实查明,姜某等 31 名农户系霍邱庆某公司员工,未实际使用 2770 万元的贷款。贷款全额转入霍邱庆某公司账户。此后不久,霍邱庆某公司还霍邱某银行贷款 2900 万元。另外,据霍邱庆某公司原董事长姜某某在检察机关调查时陈述,贷款的主要用途是还到期贷款。银行原负责人李某某也陈述,霍邱庆某公司出现一些风险信号,感觉霍邱庆某公司的资金链有点紧了,故要求霍邱庆某公司再次提供担保,所以就在贷款已经发放几个月后,又找到霍邱某担保公司追加担保,其目的是减少农行风险。根据上述事实,本案的争议焦点为:姜某等 31 名农户与霍邱某银行之间是否成立贷款合同关系,以及霍邱某担保公司是否应对借款债务承担担保责任。针对上述问题分析如下。

一是贷款债务人的认定。该案中,霍邱某银行向姜某发放的是"公司 + 农户"贷款,根据三方签订的"公司 + 农户"贷款三方协议书的约定,双方成立三方贷款合同的前提是姜某等 31 名农户与霍邱庆某公司之间存在由霍邱庆某公司向姜某收购农副产品的协议,而在霍邱某银行提供的贷款申请材料中并无相关协议存在。因此，姜某等31名农户并不符合申请“公司+农户”贷款的条件，而霍邱庆某公司和霍邱某银行在对此事实明知的前提下，仍然申请、审批并发放了相关贷款，显然存在过错。该笔贷款虽发放到姜某账户，但随即就被转入霍邱庆某公司账户，姜某等31名农户并未实际占有、使用。根据霍邱庆某公司原董事长姜某某的问话笔录和霍邱庆某公司的相关会计资料可以认定，霍邱庆某公司在掌握包括姜某在内的31名农户的贷款款项后迅速用于偿还之前霍邱庆某公司向霍邱某银行的老贷款，由此可以认定，霍邱庆某公司与霍邱某银行要求姜某等31名农户以其名义签订“公司+农户”贷款三方协议书的目的是借用姜某等31名农户的名义以满足申请“公司+农户”贷款的条件，以从霍邱某银行借出新的贷款后用以偿还到期的老贷款，相关贷款的真实借款人和使用人系霍邱庆某公司，而非姜某等31名农户，对以上事实，霍邱某银行是明知的。由此可以认定，与霍邱某银行之间成立贷款合同关系的是霍邱庆某公司，而非姜某等31名农户。因此，姜某等31名农户并非贷款的债务人。

二是担保合同的效力。霍邱某担保公司与霍邱某银行签订担保合同之前，霍邱庆某公司提供了包括姜某在内的31名农户签字的委托书，以证明该31名农户委托霍邱庆某公司向霍邱某担保公司申请提供担保，霍邱某担保公司与霍邱某银行签订担保合同时的意思表示是为姜某与霍邱某银行之间的贷款债权债务关系提供担保，而非向霍邱庆某公司的债务提供担保，其向霍邱某银行承担的担保债务系姜某与霍邱某银行之间的债务的从债务，鉴于姜某与霍邱某银行之间并不存在真实的债务关系，霍邱某担保公司的从债务亦不复存在，故霍邱某担保公司与霍邱某银行签订的担保合同自始无效。

三是霍邱某担保公司的保证责任。霍邱庆某公司与霍邱某银行在要求霍邱某担保公司提供相关担保时隐瞒了贷款的真实使用人等相关情况，霍邱某担保公司对包括姜某在内的31名农户是否符合“企业+农户”贷款的条件、相关款项的实际占用与使用人等事实并不知情。霍邱某银行时任负责人李某某在接受检察机关调查时承认，霍邱某银行在贷款发放两三个月后发现霍邱庆某公司出现了资金困难的局面，遂要求霍邱庆某公司提供其他担保，在与霍邱某担保公司签订担保合同时，也未告知霍邱某担保公司霍邱庆某公司出现了资金困难的局面，因此，霍邱某担保公司在未被告知贷款合同的真实借款人和真实借款人财务风险的情况下出具签订担保合同，其对担保合同的无效不存在过错。根据最高人民法院

《关于适用〈中华人民共和国担保法〉若干问题的解释》第八条[①]的规定，霍邱某担保公司不应承担担保合同无效的责任。

（供稿：六安市霍邱县人民检察院　汪铸赟　王　茹）

---

① 该解释已失效。该条内容现主要规定于最高人民法院《关于适用〈中华人民共和国民法典〉有关担保制度的解释》第十七条中。

12. 安徽省中某房地产开发集团有限公司破产程序监督案

——人民法院收到债权人破产清算申请后不予立案，检察机关能否监督

■ 基本案情

2018 年 7 月 3 日，债权人俞某某等 5 人向芜湖市湾沚区人民法院提交破产清算申请书，申请对债务人安徽省中某房地产开发集团有限公司（以下简称中某公司）破产清算，同时提交了中某公司不能清偿到期债务的相关证据。7 月 9 日，俞某某等 5 人委托律师向人民法院邮寄《关于申请中某公司破产清算的专项说明》，请求裁定受理。8 月 9 日，再次向人民法院邮寄《关于促请芜湖县人民法院依法裁定受理破产清算申请的报告》。9 月 11 日，邮寄《关于促请芜湖县人民法院依法裁定合并破产清算的报告》，请求依法裁定中某公司与其关联公司合并破产清算。

2019 年 5 月 27 日，俞某某等 5 人再次邮寄《关于促请芜湖县人民法院依法裁定受理俞某某等五人申请安徽省中某房地产开发集团有限公司破产清算的专题报告》，请求人民法院裁定中某公司与其关联公司合并破产清算。

2021 年 5 月 8 日，俞某某等 5 人向芜湖市湾沚区人民检察院申请检察监督，认为芜湖市湾沚区人民法院对其早在 2018 年 7 月 3 日提出的破产清算申请一直未予受理也未给予回复，违反法律规定。芜湖市湾沚区人民检察院依法受理，并于 2021 年 5 月 20 日作出《检察建议书》，建议湾沚区人民法院依法审查俞某某等 5 人提出的破产清算申请及相关材料，及时作出是否受理的裁定；今后办案中要严格适用《民事诉讼法》和《企业破产法》等关于案件受理期限的规定，落实人民法院立案登记制度，切实维护当事人合法权益。

芜湖市湾沚区人民法院采纳了检察建议,书面回复已于2021年6月16日立案受理,今后将严格适用相关法律等关于案件受理期限的规定,切实维护当事人的合法权益。

■ 主要问题

人民法院在收到债权人破产清算申请后不予立案,检察机关能否予以监督?

■ 意见分析

□ 意见分歧

针对人民法院在收到债权人破产清算申请书后2年多时间内不予立案的行为,各方观点一致,均认为违反了《企业破产法》等相关法律规定。但对检察机关能否予以监督存在分歧。

第一种意见认为,司法实践中人民法院办理破产案件确实存在现实困难。破产案件受理是破产程序的起点,但囿于社会稳定考量、地方利益保护、人民法院内部考核等多方面因素,加上破产程序烦琐、案件复杂,涉及经济、财会等多个领域,"受理难""立案难"一直是人民法院破产案件的写照。另外,在《企业破产法》的具体条文中缺失对破产程序检察权的配置,破产程序与其他审判程序存在较大差别,检察监督的介入要保持必要的克制,遵循谦抑性原则。

第二种意见认为,检察机关作为法律监督机关,有权对人民法院的审判活动进行监督,《民事诉讼法》(2017年)第二百零八条第三款①规定明确了检察机关有权对民事审判活动予以监督。

□ 意见评析

笔者同意第二种意见。

首先,法律对人民法院受理破产申请的期限有明确规定。《企业破产法》第十条明确规定了人民法院受理破产申请的期限,从债权人申请到人民法院裁定受理的最长期限为37日,即便裁定不予受理,也应当在5日内将裁定送达申请人并说明理由。本案中,人民法院在收到债权人的破产申请后的2年多时间内不予立案,既没有裁定受理,也没有作出不予受理的裁定,不符合法律规定。

其次,人民法院收到破产申请应当向申请人出具书面凭证。根据最高人民法

---

① 现规定于《民事诉讼法》(2023年修正)第二百一十九条第三款中。

院《关于适用〈中华人民共和国企业破产法〉若干问题的规定（一）》第七条第一款和第三款的规定，人民法院收到破产申请时，应当向申请人出具收到申请及所附证据的书面凭证。人民法院认为申请人应当补充、补正相关材料的，应当自收到破产申请之日起5日内告知申请人。本案中，人民法院在收到债权人破产申请后，在2年多时间里，既未向申请人出具收到申请及所附证据的书面凭证，也未见人民法院对申请人和债务人的主体资格、破产原因以及有关材料进行审查的相关材料，不符合上述规定。

最后，检察机关有权对人民法院破产程序进行监督。针对人民法院在破产程序中的违法行为予以检察监督具有法理及规范基础。一方面，追求公正的司法价值取向，破产制度的公益性、复杂性，客观上需要检察机关介入破产程序。另一方面，《宪法》将检察机关作为法律监督机关的职能定位，《民事诉讼法》（2017年）第二百零八条第三款①的规定，《人民检察院民事诉讼监督规则（试行）》第九十九条②的规定，均为检察机关对人民法院破产程序监督的法律规范基础。

检察机关对人民法院破产程序予以监督具有重要意义。随着依法治国全面推进，人民法院案件受理制度也发生历史性变革，由此前的立案审查制变为立案登记制，是保障当事人诉权，做到“有案必立、有诉必理”的务实举措。对于人民法院未及时受理破产清算申请的审判程序违法行为，检察机关应当履行法律监督职责，发挥好监督者的角色作用。通过检察监督促进破产案件尽快进入司法程序，既规范人民法院受理期限，切实有效地保障当事人的诉权，以程序正义助推实体正义，保障当事人的合法权益，助推“立案登记制”落到实处，又能与人民法院形成合力排除外力阻碍，推动破产案件进入司法处置路径，维护法律的统一、正确实施。

（供稿：芜湖市湾沚区人民检察院　周亚群　刘伟琼）

---

① 现规定于《民事诉讼法》（2023年修正）第二百一十九条第三款中。

② 该条已失效，主要内容现规定于《人民检察院民事诉讼监督规则》第一百条中。